KB040589

엄마 아빠도 1학년

이은경 지음

엄마 아빠도 1학년

초등 멘토 이은경쌤의
다정한 초등 입학 안내서

차례

Chapter 2   슬기로운 초등공부

2. 과목별 공부법

3. 독서와 예체능

엄마 아빠도 1학년

실내화 가방을 흔들며 학교로 향하는 아이의 뒷모습을 잠시라도 바라볼 수 있다는 건 부모만이 누릴 수 있는 최고의 행복입니다.

등교하는 아이가 실내화 가방을 흔드는 것에는 참 많은 의미가 담겨 있거든요. 급하게 뛸 필요 없이 등교 시간이 여유 있고, 아픈 곳이 없으면서 배가 고프지도 않고, 아침부터 혼나서 어깨가 처지지도 않았다는 것을 의미하죠. 오늘 급식의 특별 메뉴든, 방과 후 친구와 함께 할 놀이 약속이든, 오늘 수업 중에 할 알뜰시장이든, 부모님과 저녁 산책을 하며 아이스크림을 먹기로 한 약속이든, 이른 아침 무거운 몸을 일으켜 학교로 향하는 이유가 한 가지는 있어야 아이 손에 들린 실내화 가방이 달랑달랑 흔들릴 수 있답니다.

이 책은 첫아이의 입학을 앞두고 막연히 불안해하는 엄마, 아빠들을 위해 준비했습니다. 제가 학부모가 되어 아이들을 입학시키고 1학년 뒷바라지를 해보니 1학년 담임 시절에는 이해할 수 없었던 우리 반 학부모님들의 표정과 행동과 말씀이 떠오르고 이해되었습니다. 그때 그 아이가 왜 울 수밖에 없었고, 왜 학교 오기를 두려워했는지 깨달았죠.

1학년 담임을 맡고, 두 아이를 초등학교에 입학시키고, 중·고등학생으로 성장하는 모습을 지켜봐 온 시간 동안 제가 배운 것, 다짐한 것, 후회한 것을 불안해하는 예비 학부모님들과 나누고 싶습니다. 학교에 첫발을 내딛는 아이에게 따뜻한 손길로 힘을 주고 싶은 새내기 부모들이 이 책을 읽고 용기를 얻으면 좋겠습니다. 그 따뜻한 손길의 힘으로 우리 1학년 아이들이 학교로 향하면서 실내화 가방을 매일매일 힘차게 흔들었으면 합니다.

슬기로운초등생활 이은경 드림

Chapter 1

슬기로운 초등입학

1. 초등 첫 1년 미리보기

취학통지서를
받았어요

아이의 이름이 새겨진 취학통지서를 받은 날!

우리 아빠, 엄마의 마음도 콩닥거리기 시작합니다. 아직 아기인 것만 같은데 벌써 초등학생이라니 말이죠. 이 종이 한 장이 뭐라고 설레고 두근거립니다.

그래서인지 해마다 취학통지서가 발급되는 12월이 되면 초등 입학을 앞둔 아빠, 엄마의 SNS 곳곳에서 취학통지서 사진이 눈에 많이 띕니다.

자! 그럼, 취학통지서와 함께 본격적인 초등학교 입학 준비를 시작해 볼까요? 지금처럼 기운찬 기분으로 첫 1년, 아니 초등 6년 쭉 가 보는 겁니다!

취학통지서는 이런 것

취학통지서 발급 주소지의 해당 읍·면·동의 장은 해당 아동이 입학할 학교를 지정한 후 입학기일을 명시하여 입학기일이 속한 해의 전해 12월 20일까지 취학할 아동의 보호자에게 취학 통지를 하게 되어 있습니다. 취학통지서는 취학년도 전년 10월 말 주민등록 주소지 기준으로 발급됩니다.

취학통지서는 거주지 관할 주민센터에서 우편 또는 인편으로 세대주(학부모)에게 배부하는데, 최근 들어 우편 수령과 주민센터 방문이 어려운 맞벌이 부부 등을 고려하여 온라인 발급도 실시하고 있답니다. 행여나 낮 동안 집에 없어서 취학통지서를 받지 못할까 걱정할 일은 없으니 마음이 한결 편안하실 거예요.

취학통지서는 왜 필요한가요?

아이의 취학 여부를 증명하는 취학통지서는 초등학교 예비 소집일에 들고 가야 합니다. 예비 소집일에 취학통지서를 제시함으로써 해당 학교에 입학할 학생이라는 것과 실제 이 지역에 거주하고 있음을 증명하는 용도로 사용된답니다.

취학통지서를 분실했을 경우에는 거주 사실을 증명할 수 있는 신분증, 주민등록등본 등 서류를 준비해서 예비 소집일에 참석해야 합니다. 거주 사실만 증명하면 문제없이 입학 등록이 가능하니 긴장하지 마세요. 저도 툭하면 잃어버리고, 깜빡 깜빡 잊어버리는지라 노심초사하는 예비 학부모의 그 마음, 충분히 이해한답니다.

온라인 발급 및 제출까지 가능해요

현재 서울을 제외한 지역은 '정부 24' 사이트에서 취학통지서의 온라인 발급만 가능하므로 발급받은 입학통지서를 출력해 예비 소집 참석 시 제출해야 합니다. 서울 지역의 경우 온라인으로 발급뿐 아니라 제출까지도 가능합니다. 이 서비스는 곧 전 지역으로 확대되리라 예상하고 있습니다.

서울 지역을 기준으로 한 취학통지서 온라인 조회, 발급, 제출 방법은 다음과 같습니다.

취학통지서 온라인 조회 · 발급 · 제출 방법

1. 지원대상
초등학교 입학 예정 아동을 둔 예비 학부모로 반드시 세대주 또는 보호자 변경을 완료한 자만 발급 가능.

2. 준비물
세대주와 취학아동의 주민등록번호와 인증서 또는 간편 인증.

3. 제출 방법
1) 직접 제출
입학통지서 온라인 제출 서비스 미이용자는 입학통지서를 인편으로 전달받고, 예비 소집 참석 시 제출.

---

2) 온라인 제출(서울특별시)
① 서울시 온라인 민원에 접속.
② 공동 인증서를 통해 본인 확인.
③ 신청, 발급, 제출 서비스 이용.

3) 제출 후
온라인 제출 후 신청 결과 확인에서 입학통지서 출력이 가능하며, 서울시의 경우
예비 학부모 안내문, 예방접종 안내문, 교육 급여 안내문, 우리 동네 키움 센터(방과후학교) 안내문, 서울런 안내문 출력 가능.

정부 24 취학통지서 온라인 발급 서비스

취학통지서를 받고 나서 이사했어요

취학통지서가 배부된 후에 거주지 변경으로 취학할 학교가 바뀐 경우에는 전입 신고 시 해당 지역 주민센터에서 취학통지서를 재발부받을 수 있습니다.

예비 소집일이 지난 이후에 거주지가 변경된 경우에는 입학 전까지 재발부받은 취학통지서를 해당 학교에 개별적으로 제출하면 됩니다. 이때, 이사 오기 전에 입학 예정이었던 전 학교에 전화하여 이사로 다른 학교에 입학하게 되었다는 것을 알려드리는 것도 잊지 마세요! 간혹 이 점을 깜빡하여 이전 학교에서 연락을 받는 일도 종종 일어난답니다.

취학통지서가 없는 학생도 입학 가능한가요?

외국 국적 또는 다문화 학생에게는 취학통지서가 발급되지 않습니다. 따라서 이에 해당하는 아이라면 외국인등록증 또는 출생증명서 등을 가지고 거주 지역 주민센터를 방문하여 취학통지서를 신청·발급받아야 합니다.

입학 전에 취학통지서를 신청하지 못한 경우라도 외국인등록증 또는 출입국사실증명서를 학교에 제출하면 입학이 가능합니다. 대한민국, 참 좋은 나라 맞네요.

만 6세이면 모두 입학을 해야 하나요?

초등학교 입학 근거법인 '초·중등교육법' 제13조는 "모든 국민은 보호하는 자녀 또는 아동이 6세가 된 날이 속하는 해의 다음 해 3월 1일에 원칙적으로 초등학교에 입학시켜야 한다."라고 규정하고 있습니다. 이 조항의 6세는 '만 6세'를 가리키는 것으로, 초등학교 의무 취학 대상은 매년 1월 1일부터 12월 31일까지, 연령이 만 6세에 해당하는 아동입니다.

하지만 만 6세의 입학이 의무는 아니므로 아이의 건강과 성장 발달을 감안하여 조기 입학이나 입학 유예를 선택할 수 있습니다. 학교장의 판단 절차를 거치지 않고 오직 자녀의 성장 발달을 고려한 보호자의 선택에 따라 결정할 수 있으므로 신중한 판단이 요구된답니다.

조기 입학과 입학 유예 두 경우 모두 결정했다면 보호자 중 1인이 해당 지역 주민센터에 방문하여 신청서를 작성해야 합니다. 신청 기간은 매년 10월부터 12월까지이고, 기한 이후에는 입학 유예 신청만 가능한 점도 기억해 두세요.

조기 입학

아이가 어릴 때부터 유난히 또래보다 말과 글이 빠르고 생활 습관이 야무지며 생일이 빠른 경우, 부모는 자연스럽게 조기 입학을 고려하게 됩니다.

그런데 막상 조기 입학을 하면 아이가 친구들과 원만한 관계를 맺지 못해 곤란해지는 경우가 종종 있습니다. 이것은 아이의 인지 발달 속도와 사회성 발달 속도가 일치하지 않기 때문입니다.

아이의 학교생활은 성적, 학습 수준만으로 만족도가 결정되지 않습니다. 따라서 아이의 사회성이 조기 입학이 가능한 수준인지를 잘 파악해서 결정해야 합니다. 저는 제 나이에 맞게 입학하기를 추천합니다. 제 나이에 맞게 입학했을 때 또래 사이에서 인정받으며 여유로운 학교생활을 할 가능성이 커지기 때문이랍니다.

입학 유예

아이가 질병, 발육 상태 등의 문제로 학교에 다니기 어렵다고 판단되는 경우에는 보호자가 취학면제 또는 입학 유예를 주민센터나 학교에 신청해야 합니다. 발달 지연이 있거나 언어 지연이 있는 경우, 입학 유예를 하여 아이의 수준을 어느 정도 높인 후에 입학시키는 사례도 없지 않습니다.

하지만 입학 당시에는 또래에 비해 늦어 보이더라도 결국 본인의 속도로 성장할 것이기에 역시나 특별한 사정이 아니라면 또래와 함께 입학하기를 추천드립니다. 이때 기준으로 삼아야 할 것은 1년 늦게 입학했을 때 또래의 발달 속도를 따라잡을 가능성입니다. 어떤 아이는 1년을 유예하여 입학했지만 한 살 동생인 반 친구들보다도 학습 속도가 더뎌 "어차피 늦게 따라가야 하는 거라면 차라리 제때 입학시킬걸." 하며 후회하는 경우도 종종 보았습니다.

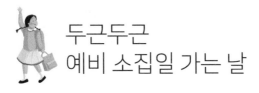

두근두근
예비 소집일 가는 날

아이가 입학할 초등학교에 처음으로 직접 방문하는 예비 소집일은 입학식만큼이나 설레고 긴장되는 날입니다. 언제 어디에서 하는지, 무엇을 준비해야 하고, 무엇을 하는지 등 예비 소집일에 관한 궁금증을 하나씩 알아보기로 해요.

예비 소집일, 왜 하는 거예요?

입학 대상인 아이의 학부모님은 예비 소집에 참석하여 학교에 취학통지서를 제출해 입학 등록을 해야 합니다. 입학 대상 학생이 실제로 입학 예정인지를 확인하고 입학생의 실제 인원수를 파악하여 반 편성 등의 입학 준비에 반영하려는 의도입니다.

예비 소집일은 언제, 어디에서 이루어지나요?

예비 소집일은 대부분 1월 초순쯤입니다. 취학통지서에 입학 예정 학교의 예비 소집일 일자가 표기되어 있으니 잊지 말고 체크해 두세요.

장소는 아이가 입학할 초등학교의 교무실, 교실, 강당 등일 가능성이 큽니다. 소집일이 되면 대부분 초등학교에서 학교 교문, 중앙현관 등에 예비 소집 장소를 알리는 친절한 안내 표시를 마련해 놓고 있으니, 일단 학교로 출발하세요.

만약 지난 코로나 팬데믹처럼 전염병 확산 등 사회적으로 합의된 이슈가 있는 상황이라면 드라이브 스루, 비대면 소집 등의 방식으로 변경하여 운영하기도 하니 학교의 안내를 꼼꼼히 살펴보세요.

아이도 함께 가야 하나요?

네, 그렇습니다. 학부모는 해당 초등학교 예비 소집일에 취학 예정 아동과 함께 참석하여 입학 관련 사항을 안내받아야 합니다. 별도 통보 없이 예비 소집에 응하지 않으면 학교와 교육 당국, 지자체, 경찰이 해당 아동의 소재를 파악해야 하기 때문입니다.

최근 들어 아동과 관련한 문제가 계속 늘어나고 있어 예비 소집일의 아동 동반이 필수 규정으로 바뀌었다는 점을 유의하세요. 그리고 만약 부모 말고 다른 보호자가 대신 가야 할 상황이라면 아이와 동행한다는 전제하에 충분히 가능하니 걱정하지 마시고요.

예비 소집일에 가면 무얼 하나요?

안내된 장소에 가서 취학통지서를 제출한 후에 배부해 주는 몇 가지 서류가 담긴 봉투를 받으면 예비 소집일의 공식적인 일정이 끝납니다. 봉투 안에는 학교생활 안내자료, 스쿨뱅킹 이체 신청서, 교육 급여 및 교육비 지원 안내 관련 자료, 학생 기초 조사서, 개인정보 동의서, 예방접종 확인서 등이 들어 있습니다.

참! 입학 전 필수 예방접종 완료 여부를 미리 확인해야 합니다. 병원에서 발급받은 예방접종 증명서를 제출하는 것도 예비 소집일의 중요한 일정 중 하나랍니다.

학생 기초 조사서 작성 요령 자세히 알아보기

116쪽

예방접종 확인서 작성 요령 자세히 알아보기

92쪽

돌봄 교실 신청하고 오세요

돌봄 교실 신청을 희망한다면 예비 소집일에 취학통지서와 함께 받았던 방과 후 돌봄 교실 수요조사서에 희망 여부를 기재하여 제출해야 합니다. 물론, 선착순 모집이 아닌 추첨제이기 때문에 당일에 깜빡했더라도 기한 내에 교무실을 통해 신청하면 됩니다.

방과후학교 신청은 2월 말, 3월 초 정도에 별도로 진행되니 이 부분도 체크해 두세요. 돌봄 교실과 방과후학교는 1학년 아이의 학교생활에 친정어머니보다 더 든든한 동반자가 되어 줄 거라는 점도 기억하시고요!

돌봄 교실·방과후학교 자세히 알아보기

96, 99쪽

예비 소집일의 꽃, 학교 구경

이왕 시간을 내어 가는 예비 소집일이라면, 아직은 좀 낯설어 보이는 학교 시설을 하나씩 미리 둘러보며 입학에 대한 기대감을 키우는 시간으로 활용해 보세요.

만약 아이가 유난히 입학, 학교, 교실, 교사에 막연한 두려움과 거부감이 있고 변화를 싫어하는 성향이라면 자연스러운 분위기에서 학교를 경험하고 긍정적인 인상을 심어 주는 기회로 삼을 수 있답니다. 교문, 운동장, 조회대, 현관, 복도, 화장실, 교실 등을 구경하며 학교와 친해지는 시간을 충분히 갖게 해 주세요. 이를 통해 막연한 두려움이 조금이라도 줄어들기를 기대해 봅니다. 아이와 새로운 곳을 둘러볼 땐 언제나 아이 먼저, 부모는 뒤에 따라가세요. 아이의 시선을 사로잡아 발걸음을 멈추게 하는 것이 무엇인지를 관찰하세요.

예비 소집일에 참석하지 못한다면?

피치 못할 사정으로 예비 소집일 참석이 어려운 학생과 학부모님은 사전에 학교에 연락하여 '등록 의사'와 '예비 소집 불참 사유'를 밝혀야 합니다. 사전 연락 없이 예비 소집에 불침하는 아동은 '예비 소집 불참 아동'으로 분류되거든요.

또한, 당일 참석은 가능하나 안내에 제시된 시간에 방문이 어려운 경우 개별적으로 해당 학교 교무실을 방문하면 입학 등록이 가능하답니다. 이 경우 사전에 학교 교무실에 전화로 연락을 드려 놓는 것이 좋습니다. 학교 교무실에 전화했을 때 받으시는 분은 행정 실무를 담당하시는 분입니다. 통화할 때 "안녕하세요. 입학 예정인 학생의 보호자입니다."라고 간단히 소개를 하는 것만으로도 부드러운 대화가 시작된답니다.

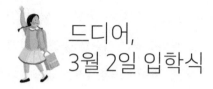

드디어,
3월 2일 입학식

전국의 모든 초등학교가 3월 2일에 입학식을 합니다. 만일 이 날짜가 주말과 겹치면 하루씩 뒤로 미루어지고요. 이날은 초등 2~6학년 선배들의 새 학년 시작일이기도 하기 때문에 학교는 온통 새 학년을 시작하는 설렘으로 가득합니다. 생각만 해도 벅찬 입학식 날의 모습을 미리 하나씩 살펴볼까요?

입학식에서는 무엇을 하나요?

입학식은 보통 10시 전후로 시작되며, 늦어도 10분 전에는 도착하도록 해 주세요. 입학식 시작부터 하교까지는 1시간에서 1시간 30분 정도 소요됩니다.

전체 입학생들이 안내에 따라 강당 같은 공간에 모여 반별로 모여 앉은 채로 전체 입학식에 참여한 후 교실로 이동하는 게 보통이랍니다. 강당에서 하는 전체 입학식은 국민의례, 교장 선생님 말씀, 입학 선물 증정, 담임 선생님 인사 등의 순서로 진행됩니다. 물론 이 모든 순서와 시간 등은 학교마다 크고 작은 차이가 있습니다.

전체 행사는 길어도 한 시간을 넘기지 않는 편이지만, 아직 어린 1학년에게는 그 시간도 상당히 길게 느껴질 거예요. 지루함을 못 참고 옆 친구와 소곤거리거나 두리번거리거나 몸을 비틀 수 있으니 이해해 주세요. 첫날부터 남다른 태도를 뽐내는 다른 집 아이를 보며 부럽고 신기한 마음이 드는 게 사실이지만 노력 중인 내 아이의 모습을 칭찬해 주세요.

1학년 반 배정 기준 알아보기

학교마다 차이는 약간 있으나 기본적인 기준은 거의 같습니다. 1학년 입학 대상 전체 학생의 명단이 확정되면 남녀 인원수, 주소지, 출생 · 월 등이 골고루 섞이도록 배정합니다.

쌍둥이의 경우는 학교 측에서 부모님의 의사를 묻기도 하므로 부모님께서 어느 정도 결정을 해 두는 것이 좋습니다. 추천 드리는 방법은 1학년 때는 같은 반에서 생활해 보게 하고, 2학년 때 다른 반으로 배정받을지 말지 결정하는 것입니다. 1학년 때 분반을 하면 부모님께서 동시에 두 아이를 챙기기 힘들 수도 있거든요.

또, 유치원 때 친했거나 자주 부딪혔던 친구라는 이유로 개별적인 반 배정과 변경을 요청할 수 없다는 점도 기억해 주세요. 이런 개인적인 요청이 점점 늘어나는 탓에 학교에서 민원 처리와 응대에 곤란함을 겪고 있거든요.

교실로 이동해서는 무얼 하나요?

교실로 이동하면 담임 선생님이 먼저 간단히 자기소개를 한 후 반 아이들 출석을 한 번씩 불러서 출석 여부를 확인합니다. 이후 시간이 허락한다면 반 아이들 전체가 간단한 자기소개를 하는 경우도 있습니다.

아이가 어떤 목소리와 어떤 모습으로 대답할지 벌써 기대되고 걱정되시죠? 만약 평소 유독 수줍음이 많은 아이라면 집에서 한 번쯤 연습해 보는 것도 힘이 됩니다. 자기소개를 당당하게 잘해야 해서가 아니라, 갑작스러운 상황에 지나치게 당황하고 놀라지 않게 하기 위한 노력 정도로 생각해 주세요.

입학식 준비물, 무엇을 챙겨야 하나요?

책가방, 실내화, 실내화 가방을 준비하세요. 필통이나 색연필 등의 학습 준비물은 입학식 다음 날부터 천천히 하나씩 준비하면 되니 챙기지 않아도 됩니다.

입학식에서 받은 여러 서류를 챙겨서 책가방에 담아오면 되고, 종이가 구겨질 수 있으니 L자 파일을 가지고 가는 것도 좋습니다.

이날 교실에서 배부받는 서류는 종류가 많을 수 있지만 어느 하나 중요하지 않은 것이 없으니 귀가 후, 시간 여유를 가지고 한 장씩 꼼꼼히 살펴봐야 합니다. 또, 가정에서 미리 작성한 신청서, 기초 조사서가 있다면 담임 선생님의 안내에 따라 제출하면 됩니다.

1학년 준비물 목록 자세히 알아보기

72쪽

입학식 옷차림, 돋보이고 싶어요

내 아이가 돋보였으면 하는 부모의 마음에 멋지고 예쁜 옷을 입히는 것도 좋지만 쌀쌀한 날씨에 긴 시간 동안 진행되는 행사임을 고려해야 합니다. 따뜻하고 편안한 옷이 최고겠죠.

간혹 특별한 날임을 지나치게 의식하여 얇은 재킷, 치마, 구두 차림에 오들오들 떠는 아이도 있는데요. 안 그래도 긴장할 우리 아이에게는 너무 힘든 날이 될 수 있답니다. 그러다 입학식 첫날부터 호된 감기에 걸리는 불상사가 일어나기도 하고요.

입학식 후, 담임 선생님과 간단한 상담이 가능해요

아이에 관한 중요하고 특별한 상담 내용이 있는 경우 입학식 직후에 남아 담임 선생님과 짧게라도 상담을 하는 것이 도움이 됩니다. 단, 아이에 관한 정식 상담은 3월 말 정도에 진행되니, 긴급한 상황인 경우에만 입학식 당일 상담을 권해 드립니다. 긴급한 상황은 예를 들어 건강상의 중요한 도움이 필요한 경우, 가정 내에 특수한 상황이 있을 경우, 아이가 특별한 질환이 있거나 이에 관한 중요한 정보 같은 것이 있을 경우에 해당합니다. 또, 학교를 지나치게 두려워하거나 거부감이 심한 편이라 당장 내일부터 등교가 걱정인 경우에도 담임 선생님께 상황을 설명드리고 도움과 배려를 요청할 수 있습니다.

실제로 입학식 다음 날 아침이면 교실에 들어가지 않겠다는 아이와 어떻게든 들어가도록 밀어 넣으려는 부모, 또 아이가 연락도 없이 제시간에 등교하지 않아 걱정하는 담임 선생님의 모습을 흔히 볼 수 있답니다.

담임 선생님 상담 주간(봄/가을) 자세히 알아보기

126쪽

입학식이 끝나고 나면

공식적인 입학식 행사가 끝나고 나면 교실에서 가장 가까운 화장실에 들러 실제로 아이가 화장실을 사용해 보도록 해 주세요. 다음 날부터 시작될 학교생활에 훨씬 자신감을 가질 수 있답니다.

돌봄 교실을 신청한 경우라면 1학년 교실에서 돌봄 교실까지 함께 이동해 보고 복도에서나마 교실 속 모습을 구경해 보세요. 또 교실에서 교문까지, 교문에서 집까지 이르는 길을 아이가 앞장서서 걸어가게 하면서 당장 내일부터 걸을 새로운 길에 익숙해지도록 도와주세요. 아이가 혼자 걸을 길을 부모와 다정하게 한 걸음씩 걸어 보는 경험이 아이가 할 학교생활의 든든한 무기가 되어 줄 거라 확신합니다.

입학식, 이건 참으세요

아이가 입학식에서 집중하지 못하거나, 바른 자세로 앉아 있지 않았거나, 자기소개를 씩씩하게 하지 못했다면 어떨까요? 아마 아이의 모습을 본 아빠, 엄마는 속상한 마음에 행사가 끝나고 집에 오는 길 내내 그 부분을 지적하고 잔소리할 수도 있을 거예요.

어떤 마음인지 너무 잘 알지만 그런 행동 때문에 자칫 아이가 학교를 싫어할 수 있답니다. '학교는 너무나 엄격하고, 조금만 잘못해도 혼나는 곳이구나.', '학교에서 내가 하는 행동 때문에 비교당하고 평가받는 곳이구나.'라는 생각이 자연스레 들 수 있거든요. 참아야 하는 이유, 이해하시겠죠? 무엇이 더 내 아이를 위한 행동과 말일까를 한 번만 더 생각해 주세요.

입학식에 지각하지 않기

간혹 입학식에 늦어 헐레벌떡 뛰어 들어가는 안타까운 가족의 모습도 보입니다. 그런데 가능하면, 아이가 갖는 학교의 첫 인상을 결정하는 중요한 날인 만큼 미리미리 준비하여 늦지 않도록 부지런히 움직여 주세요.

주차 때문에, 화장실 때문에, 아이의 두려움 때문에 예정보다 지체될 것을 예상하고 여유를 가지고 출발하세요. 10시에 시작이라면 적어도 9시 50분에 도착해야 해요. 더 일찍 도착해서 찬찬히 둘러보며 여유롭게 입장하는 것도 좋습니다. 이 원칙은 앞으로 12년의 학교생활 전반에 한결같이 적용하면 좋을 황금률 같은 것이라 생각해 주세요.

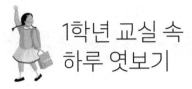

1학년 교실 속
하루 엿보기

우리 아이들은 입학식 바로 다음 날부터 초등학교 전 학년에 적용되는 수업 시간표에 맞추어 하루하루를 보내기 시작합니다.

등교 시간, 쉬는 시간, 수업 시간 등이 정해져 있고 매일 같은 시간표대로 움직이기 때문에 아이들은 생각보다 상당히 빠르게 적응하고 그 순서를 몸에 익히죠.

다음은 초등학교 수업 시간 운영 예시입니다. 물론 학교와 지역마다 세부적인 차이는 있을 수 있지만 대체로 이렇게 진행됩니다.

초등학교 수업 시간표

구분	시작하는 시각	끝나는 시각	시간
등교 이전	08:00	09:00	도서관 운영
등교	08:00	09:00	
아침 활동	08:30	09:10	
1교시 수업	09:10	09:50	40분
쉬는 시간	09:50	10:00	10분
2교시 수업	10:00	10:40	40분
쉬는 시간	10:40	10:50	10분
3교시 수업	10:50	11:30	40분
쉬는 시간	11:30	11:40	10분
4교시 수업	11:40	12:20	40분
점심 시간	12:20	13:10	50분
5교시 수업	13:10	13:50	40분
하교	13:50		

등교 시간

9시까지 등교하는 학교라면 8시 50분 정도에는 교실에 들어갈 수 있도록 예상하여 출발하는 것이 좋습니다. 그러려면 우리 집 현관문에서 교실 뒷문에 도착할 때까지 아이의 걸음으로 시간이 어느 정도 걸리는지를 대략 확인해 볼 필요가 있습니다. 입학 초기에는 보호자와 동행하는 날이 많아 아이 걸음의 정확한 속도를 측정하기 어렵다는 점도 미리 계산에 넣어 주세요.

또, 학교와 지역에 따라서는 부모님의 출근으로 이른 아침에 등교해야 하는 아이들을 위해 학교 안 'Safe Zone'이 운영되고 있으니 필요한 경우 활용하세요.

등교 시간이 학교생활에 미치는 영향 자세히 알아보기

65쪽

아침 활동

등교 후 1교시 수업 시작 전까지는 담임 선생님께서 개별적으로 계획한 아침 활동이 학급마다 다양한 형태로 진행됩니다. 독서, 그리기, 악기 연습, 영어 노래, 수학 퀴즈, 연산 훈련, 한자, 글쓰기 등 지속적으로 하면 도움 되는 유익한 활동이 많습니다. 이러한 활동은 요일별로 다르게 하는 경우가 많아, 요일마다 아이 기분에 영향을 미치기도 합니다. 덕분에 내 아이가 어떤 활동을 선호하는지, 아이에 관해 알 수 있는 훌륭한 단서를 얻기도 하죠.

선생님께서 준비한 아침 활동을 마무리하고 남는 시간은 주로 독서를 하며 수업 시작을 기다립니다. 이 시간을 대비하여 아이가 읽던 책을 책가방에 넣어 주면 독서 시간을 확보할 수 있습니다. 집에서는 혼자 안 읽던 아이도 교실에서 친구들이 읽는 모습을 보면 슬그머니 책을 꺼내어 읽고는 하거든요.

수업 준비

그날그날 시간표를 확인하고 그에 맞춰 교과서를 사물함에서 가져다가 책상 서랍에 정리하는 것이 매일 하는 수업 준비입니다. 집에서 학교로 보낸 신청서, 과제물 등도 아침 시간에 제출하는 게 일반적이고요. 등교 시간이 늦은 친구들은 아침 활동과 수업을 준비할 시간이 부족해 종일 마음이 불편할 수 있으니, 등교 시간에 특히 신경 써 주세요.

초등학교 수업 교과목 자세히 알아보기

141쪽

수업 시간

초등학교 1교시 수업 시간은 40분입니다. 입학 초기에는 40분 동안 딱딱한 의자에 앉아 수업을 듣는 일이 힘들고 지루하게 느껴지기 쉽습니다. 아직 앉아 있는 훈련이 충분히 되어 있지 않기 때문이지요. 입학 전에 한자리에 40분 이상 앉아서 무언가에 집중하는 경험을 해 보는 것이 도움이 된답니다.

바른 자세를 유지하는 습관 자세히 알아보기

102쪽

수업시간 적응을 위한 추천 활동

책의 문장 따라 쓰기, 소리 내어 책 읽기, 종이접기, 선 따라 긋기, 다른 그림 찾기, 40분짜리 교육 영상 시청 등 집중력과 학습 준비에 도움이 되는 활동을 입학 전부터 매일 40분씩 꾸준히 하기

쉬는 시간

쉬는 시간에는 주로 화장실에 다녀오고 교실 안이나 복도 등에서 친구들과 놀고 쉬면서 시간을 보냅니다. 활발한 아이들은 그 에너지를 주체하지 못해 때로 쉬는 시간에 복도에서 뛰고 심한 장난을 치다가 다치거나 꾸중을 듣기도 합니다.

쉬는 시간은 다음 수업 장소인 강당, 운동장, 컴퓨터실 등으로 이동하는 시간이기도 합니다. 이 시간에 도서관에서 대출한 책을 반납하거나 자리에 앉아 우유를 마시는 아이들도 있습니다.

아이가 쉬는 시간을 어떻게 보내는지 보면 아이의 성향과 특성을 파악하는 데에 많은 도움이 되기 때문에 저는 현직에

있을 때 쉬는 시간을 아이 관찰로 보냈던 기억이 있습니다. 혹시나 아이가 쉬는 시간에 혼자 지낼까 봐, 꾸중을 들을까 봐 지나치게 걱정하시는 부모님과 했던 상담도 기억나고요. 아이가 쉬는 시간을 통해서 다양한 경험을 조금씩 쌓으며 자연스럽고 편안하게 성장하고 있다고 생각하시면서 큰 걱정은 내려놓으셔도 좋습니다.

점심시간

4교시 후 점심시간은 50분이며, 급식을 먹고 난 후에는 자유롭게 시간을 보낼 수 있습니다. 대부분은 운동장이나 놀이터에서 뛰어놀기, 도서관에서 책 읽기, 교실 안에서 놀기 중 친한 친구들과 의논해서 함께합니다. 물론 여러 이유로 혼자 시간을 보내는 아이도 있지만 매일매일이 외로운 게 아니라면 그럴 수도 있다고 생각하는 것이 아이를 위한 일입니다.

때로 점심시간에 친구들과 놀 목적으로 공, 플라잉 디스크, 보드게임, 카드, 장난감 등을 가지고 등교하고 싶어 하는 아이가 있는데요. 이 중에 담임 선생님의 사전 허락이 필요한 것도 있을 수 있으니 미리 확인하는 것이 좋습니다.

급식 잘 먹는 아이, 자세히 알아보기

79쪽

하교 시간

1학년 수업은 일주일에 4교시 3일, 5교시 2일인 경우가 보통입니다. 4교시인 날은 수업을 마치고 점심을 먹은 후 오후 1시쯤 하교하고, 5교시인 날은 점심을 먹은 후 한 시간 더 수업을 하고 오후 2시쯤 하교합니다.

예정된 하교 시간에 정확하게 끝나는 날이 대부분이지만 교실 정리, 알림장 쓰기, 못다 한 과제 하기 등을 위한 시간이 추가되기도 합니다. 그래서 하교 후 일정을 계획할 때 다음 일정을 너무 빡빡하게 잡아 놓으면 곤란할 수 있습니다. 언제든 상황에 따라 하교가 늦어질 수 있음을 염두해 여유를 갖고 일정을 계획해 주세요. 학원 셔틀버스를 놓칠까 봐 발을 동동 구르는 교실 속 아이들의 모습을 보는 일은 언제나 안타깝습니다.

방과 후 일정 계획하는 법 자세히 알아보기

96쪽

안전한 하굣길 연습하기

입학 초기 1주에서 한 달 정도는 부모님 같은 보호자가 하굣길에 동행하면서 위험한 상황에 대처하는 방법, 횡단보도를 건널 때 주의해야 할 사항 등을 반복해서 가르쳐야 합니다. 많은 아이가 등하굣길 교통

사고에 노출되어 있음을 기억해 주세요. 최근 들어 등하굣길에 스마트폰을 보면서 걸어 다니는 아이들이 급격히 늘고 있습니다. 걸을 때 스마트폰을 보거나 딴짓을 하지 않기로 아이와 단단히 약속해 주세요.

하교 후

입학 초기에는 아이가 요일별 일정을 정확히 기억하기 힘듭니다. 스스로 움직이기 어렵기 때문에, 알림장에 중요한 일정을 미리 살짝 메모해 주면 좋습니다. 예를 들어, '오늘 학교 마치면 방과후학교 컴퓨터 수업(컴퓨터실로 이동). 마치면 집으로 오기.'와 같이 간단하고 정확하게 알려주는 내용이면 무난합니다.

어느 정도 시간이 지나면 되도록 아이 본인의 힘으로 일정에 따라 시간에 맞춰 움직이게 하고, 갑작스러운 상황이 생겼을 때 부모님이나 주변 어른의 도움을 받을 수 있도록 차근차근 연습시켜 주세요.

혼자도 충분히 해낼 수 있을 것 같은 야무진 아이인데도 학교 수업, 방과후학교, 학원 수업 등을 하나하나 마칠 때마다 부모님께 전화해서 "엄마, 나 이제 어디로 가?"라고 묻는 모습을 볼 때가 있어요. 전화 통화를 하며 마치 로봇처럼 지시받은 곳으로 이동하는 걸 당연하게 생각하며 움직이는 거죠. 1학년 때 이 습관을 고치지 못하고 3, 4학년이 되는 아이도 드물지 않아 안타까울 때가 많습니다. 방과 후 일정은 본인이 기억하고 움직이는 주체라는 점을 확실하게 알게 해 주세요. 그렇게 하기 위해서는 등교 준비할 때 아이에게 한 번씩만 물어보세요.

"오늘 학교 마치면 뭐 하는 날이지?"

대답하지 못해도 괜찮습니다. 잠시라도 생각할 수 있게 만들어 주는 훌륭한 질문이거든요.

1학년 첫 1년
미리보기

　긴장했던 입학식을 마쳤다면, 초등학교 첫 1년을 한눈에 내다보는 준비가 필요합니다. 아이는 초등학교에 입학한 후 무려 6년이라는 긴 시간 동안 '학교 교육과정 연간 계획'에 따라 생활하기 때문입니다. 다행히도 1학년을 잘 지내고 나면 6학년까지 전체적인 학교생활은 비슷하게 반복될 거라, 아이는 점점 더 익숙해지고 자신감 넘치는 모습을 보일 것입니다. 부모님도 마찬가지고요.

　입학 첫 1년은 생소하고 어렵게 느끼지만, 아이가 2, 3학년만 되어도 훨씬 여유가 생기고 5, 6학년이 되면 모든 게 편안하고 익숙해진답니다.

초등 1학년 월별 주요 행사

시기	월별 주요 행사	시기	월별 주요 행사
3월	입학식	9월	학부모 상담주간(가을)
4월	학부모 상담주간(봄) 교내 과학탐구대회	10월	주체중심 현장체험학습 학예발표회 방과후학교 예술제
5월	운동회	11월	
6월	학부모 공개수업	12월	겨울방학식 겨울독서교실
7월	여름방학 여름독서교실	1월	신입생 예비 소집일
8월	개학식	2월	개학식 종업식

학부모 총회

3월 셋째 주쯤에는 전국의 거의 모든 학교가 학부모 총회를 엽니다. 1부는 강당에서 학부모 전체 모임을 갖는데, 교장·교감 선생님의 인사 말씀과 담임 선생님의 인사와 학교 정책 설명에 30분에서 40분 정도 소요됩니다. 이후 여러 안내와 정보가 담긴 자료를 받는데요. 1년 동안 활용할 목적으로 챙겨 두시면 좋습니다.

전체 모임이 마무리되면, 아이들이 교실로 이동합니다. 이때 담임 선생님이 학급 운영에 관해 소개하는 시간을 갖습니다. 우리 아이의 첫 담임 선생님이 어떤 선생님일지 궁금증이 많이 풀리는 시간이기도 하죠. 또, 이 시간에는 반 대표 학부모를 선출하고 녹색어머니회와 같은 학부모 봉사단체를 구성합니다.

동네 선배 엄마들께 '총회 가 봤자 괜히 반 대표 맡고 봉사활동 하게 되니까 가지 말라.'는 조언을 듣기도 하는 이유가여기에 있습니다. 그런데요, 여러분. 반 대표든 봉사활동이든누군가는 해야 하는 일인데, 일단 나만 쏙 빠지겠다는 생각은멋진 어른의 모습은 아닌 것 같아요.

어쩔 수 없는 상황이 아니라면, 전체를 위해 봉사할 수도 있다는 마음이면 좋겠습니다. 저는 저희 아이 초등 시기에 반 대표를 2년, 녹색어머니회를 5년, 그 밖의 봉사활동을 3년 넘게했습니다. 아이들이 중등인 지금도 저는 봉사활동을 합니다.당연히 시간을 써야 하고 힘들었지만, 다시 돌아간다 해도 또그렇게 할 생각입니다. 누군가는 해야 할 일이니까요.

학부모 총회는 3월 2, 3주 정도에 열리는데, 혹 그 시간까지기다리기 어려울 정도로 아이의 학교생활에 대해 긴급하게 상담할 부분이 있다면, 설명회 이후 담임 선생님께 짧은 시간 상담을 요청 드리는 것도 좋은 방법입니다.

학부모 상담 주간(1학기)

입학 후 학년 초에 하는 첫 학부모 상담은 담임 선생님께도 매우 중요합니다. 아이에 관한 정보를 얻기 위한 목적이기 때문이죠. 유치원 상담처럼 사전에 신청 기간이 있으며, 상담 가능한 시간을 서로 조율하여 진행합니다. 요즘은 대면보다 비대면(전화) 상담이, 정기 상담보다 수시 상담이 늘고 있습니다.

아이에 관해 크게 걱정되는 부분이 있다면 대면, 그렇지 않다면 비대면을 추천합니다. 물론, 정말 걱정되거나 궁금한 부분이 없다면 신청하지 않아도 무방합니다.

1학기 중에 이루어지는 상담은 학습 면에서 걱정되는 부분(한글을 떼지 못했다거나), 유치원 생활에서 어려웠던 점(잘 울고 대소변 실수 가능성이 있다거나), 친구 관계(폭력적이거나 고집이 센 편이거나), 건강 문제처럼 담임 선생님께서 아이에 관해 미리 알고 지도해야 하는 부분을 말씀드리러 간다고 생각하면 됩니다. 어떤 정보를 드리면 좋을지 미리 생각하고, 메모해서 가면 좋겠지요?

상담 주간을 통한 담임 선생님과 관계 맺기 자세히 알아보기

126쪽

운동회

운동회는 요즘 '체육대회'라는 이름으로 바뀐 곳도 많고, 학교 전체 행사로 크게 개최하던 전통적인 모습에서 학년별, 학급별 행사로 축소된 경우가 많습니다. 미세먼지와 기후변화로 운동장 행사로 계획하기 어려워 강당을 활용하기 시작하면서 그 규모와 종목을 변형한 결과랍니다.

또, 학부모님 참관을 허용하는 학교와 그렇지 않은 학교가 있으니 사전 안내를 꼼꼼히 확인하세요.

현장체험학습

보통 학기마다 현장체험학습이 한 번씩 있습니다. 학년 전체가 대형 버스를 대절해 체험학습장에 가서 체험 후 점심 먹고 돌아오는 게 일반적이지요. 전염병과 안전사고 등 해당 연도에 큰 이슈가 발생할 경우 일정을 조정하기도 합니다.

현장체험학습은 보통 체험학습비와 교통비를 포함해서 2, 3만 원 정도 비용이 듭니다. 스쿨뱅킹을 이용해 지정된 보호자의 계좌에서 자동으로 인출되는 형식이고요.

점심은 단체로 먹기도 하고 개별 도시락을 준비하기도 합니다. 아이가 유독 멀미를 심하게 하거나 당일 아침 컨디션이 좋지 않으면 선생님께 미리 말씀드리세요. 되도록 가볍고 편한 복장과 가방은 기본인 거, 아시지요?

학부모 공개수업

학교마다 그 시기는 다르지만 1년 중 하루는 학부모에게 교실 수업을 공개하는 것이 보통입니다. 공개수업이 다가오면 부모도 아이도 기대를 합니다. 피치 못할 사정이 아니라면 아이의 1학년 공개수업은 참석하시기를 권해 드립니다. 아이가 부모님을 환영하는 시기거든요. 5, 6학년이 되면 오실까 봐 걱정하는 것과 참으로 대비됩니다.

참석하기로 했다면 되도록 시간에 늦지 않게 참석해 주세요. 아이는 아빠, 엄마의 모습을 확인해야 비로소 수업에 집중할 수 있거든요. 부모님께서 분명히 온다고 하셨는데 안 보이면 아이는 수업이 시작되었는데도 계속 뒤를 돌아보며 확인합니다. 혹시 수업을 끝까지 못 볼 상황이라면 사전에 아이에게 충분히 설명해 주시면 좋습니다.

또, 공개수업에 가지 못하는 경우에도 전날 미리 아이에게 부모의 상황을 충분히 설명해 주세요. 우리 부모님만 안 오셨다면서 수업 시간에 눈물을 터뜨리는 아이들이 거의 모든 교실에 있답니다.

여름 방학

초등학교의 여름 방학은 유치원에 비해 길어요. 거의 4주를 꽉 채우지요. 보통 7월 하순부터 8월 하순까지입니다.

방학식 때 1학기 학교생활이 담긴 생활통지표를 받아올 거예요. 1학년의 경우 성적이 알아보기 쉽게 정확하게 표시되어 있지는 않습니다. 주의 깊게 봐야 할 부분은 담임 선생님의 종합의견 부분이랍니다. 대부분 칭찬 의견이겠지만 부족하다거나 노력을 요한다는 내용이 보이면 그 부분을 개선하기 위한 노력을 시작해야 함을 기억해 주세요.

또, 방학 동안 한 군데라도 기억에 남을 만한 의미 있는 여행과 견학을 계획하길 권합니다. 방학 숙제는 점점 더 줄어드는 추세이지만 아주 없지는 않습니다.

여름 방학 개학식(2학기의 시작)

개학식부터 2학기의 정상 수업이 시작되니 교과서와 공책 등 필요한 것들을 미리 챙겨놓으면 수월합니다. 오랫동안 소파와 한 몸으로 지내던 아이들이 다시 학교로 돌아가면 처음 한 주는 힘들어할 거예요. 다시 딱딱한 의자에 앉아 간식 없이 오전 시간을 보내야 하거든요. 개학이 다가오면 그동안 늘어졌던 취침 시간을 당기고 아이의 컨디션을 좀 더 세심하게 챙겨야 하는 이유랍니다.

학부모 상담 주간(2학기)

2학기 상담은 부모가 알기 어려웠을 아이의 교실 생활에 대해 담임 선생님이 자세히 설명할 차례입니다. 아이의 학교생활에 관해 궁금했던 것이나 새 학년을 준비할 때 알아두면 좋을 것, 여전히 걱정스러운 부분 등 몇 가지 질문을 생각해서 담임 선생님을 만나면 도움이 됩니다.

상담 중, 아이가 부족한 점이나 도움이 필요한 점을 듣게 될 수도 있습니다. 이때 그것을 말하는 담임 선생님도 망설임 끝에 조심스레 고른 단어들로 아빠, 엄마의 기분을 상하지 않게 하면서 내용을 전달하려 애쓰는 중임을 기억해 주세요. 아이의 학교생활이 부모의 감정에 따라 좌지우지되지 않도록 노력해 주세요. 감정보다 중요한 건 아이의 상황과 상태를 정확히 파악하고 개선해 나가기 위한 노력이라는 점, 기억하세요.

아이의 학교생활에 특별한 어려움이 없다면 신청하지 않아도 괜찮습니다. 행여나 자녀의 학업에 관심 없는 학부모로 비칠까 걱정하기도 하는데, 아이가 별문제 없이 잘 다니고 있다면 상관없습니다.

학예발표회

최근 들어 운동회와 학예회를 2년에 한 번씩 운영하거나 학예회 폐지 또는 학급별 학예회 정도로 축소해서 운영하기도 하는 학교가 많아지고 있습니다. 이때 학교 계획에 따라 학부모의 참관을 허용하는 곳도 있고, 그렇지 않은 곳도 있습니다.

학예회 때 돋보이고 싶은 마음에 무리하게 레슨을 받거나 연습을 하면서 경쟁하는 경우도 있는데, 학창 시절 친구들과의 좋은 추억을 쌓는 시간 정도로 생각하면 딱 좋습니다.

교원능력개발평가

해마다 11월쯤 되면 교원능력개발평가를 실시합니다. 유치원 때는 선생님을 공식적인 수치로 평가할 기회가 없었는데, 초등학교부터는 매년 이것을 실시하고 있답니다.

교원능력개발평가는 교원의 교육활동에 대한 전문성을 진단하고, 그 결과에 따른 능력개발을 지원하여 학교 교육의 질 향상을 도모하고자 하는 목적이랍니다. 평가는 동료 교원 평가, 학생 만족도 조사, 학부모 만족도 조사로 이루어집니다.

1년간 선생님의 학급 운영 방침을 지켜보면서 느꼈던 학습지도, 생활지도 등에 관한 생각을 익명으로 가감 없이 평가하면 된답니다. 간혹 솔직한 평가를 쓰면서 이게 결국 누가 썼는지 드러날 거라고 불안해하시기도 하는데, 교사들도 못내 궁금하지만 알 수 있는 방법이 전혀 없다는 점 참고하세요.

겨울 방학

12월 말에 겨울 방학식과 종업식을 겸하면서 학년을 마무리하는 학교가 늘고 있습니다. 여전히 봄방학을 따로 갖는 학교도 있고요. 궁금해하실 생활통지표는 종업식에서 받습니다. 겨울 방학식 날에는 생활통지표를 받지 않고, 2월, 학년이 모두 끝나는 종업식에서 받게 되지요.

겨울 방학은 전국의 거의 모든 초등학교가 여름 방학보다 길게 운영하기 때문에 방학 중 아이의 하루 일정을 미리 계획해야 합니다. 재학 중인 학교의 돌봄 교실, 방과후학교 프로그램, 지역사회 돌봄센터 등을 우선순위로 확인하고, 그래도 애매하게 남는 시간이 생긴다면 학교 도서관, 지역 도서관, 공부방, 학원, 학습지 등을 미리미리 알아보기를 추천해 드립니다.

또, 유치원 때처럼 방학 중에 아이가 크게 다치거나 가족의 신변에 변화가 생기면 담임 선생님께 바로 연락을 취해 놓도록 합니다.

겨울 방학 개학식

교과서 진도를 마무리하는 단계로, 학교에는 특별한 행사나 시험이 없기 때문에 편한 마음으로 다니는 시기입니다. 교실에 아이의 남은 짐이 많다면 이 시기에 조금씩 나누어 집으로 가져오라는 의미로 장바구니 형태의 가방을 따로 챙겨 주면 좋습니다. 종업식 날 아빠, 엄마께서 엄청난 짐을 나르는 수고를 하지 않으려면 말이죠.

또, 이즈음에 2학년 교과서를 받습니다. 하루에 서너 권씩 나눠 주지만 그것도 무게가 꽤 됩니다.

2학년 교과서는 아이가 시간 날 때 잡지 보듯 한 번씩 넘겨보도록 권해 보세요. 긴긴 겨울 방학 동안 아빠, 엄마와 함께 하는 루틴으로 만들어 주면 큰 힘을 들이지 않고 2학년 대비가 됩니다. 공부가 아니고 구경이기 때문에 아이는 제법 즐거워합니다.

종업식(봄 방학 시작)

개학식 한두 주 후에는 종업식을 합니다. 종업식을 하면 1학년이 끝납니다. 종업식 때 1년간 아이의 학습과 생활에 관한 종합적인 기록인 생활통지표를 받아오는데, 통지표에 2학년 반 편성 결과가 표시되어 있답니다. 1반, 2반이 아닌 '가'반, '나'반 같은 형식으로 표시되어 있는데, '가'반이 1반이 될지 4반이 될지는 아직 알 수 없습니다. 개학식 전에 학교 홈페이지를 통해 알게 됩니다.

3월 2일 아침, 2학년 교실에 가면 반마다 '가' 반, '나' 반이라고 적힌 큼지막한 종이가 붙어 있을 거예요. 그걸 보고 각자 반으로 찾아가면 됩니다. 처음이 어렵지, 별일은 아니고요. 혹시 잘 몰라서 헤매고 있으면 선생님과 친구들이 도와주니 걱정하지 않아도 됩니다.

새 학년 반 편성은 빠르면 12월, 늦어도 1월 초 정도에는 마무리됩니다. 1학년 1년 동안 이루어진 각종 평가를 바탕으로 하여 학급별 성적 순위를 매긴 후에 그 순서에 따라 1, 2, 3반으로 한 명씩 배치하는 방식이 가장 일반적입니다. 이렇게 성적순으로 1차 기본 편성을 하고, 학년 전체 교사 회의를 통해 세부 조율을 합니다.

1년간 유난히 많이 다퉜던 아이들은 서로 다른 학급으로 분리합니다. 쌍둥이는 부모님과 상의 후 편성하고요. 특정 학급에 기초 학습 부진아가 지나치게 여럿 몰려 있다면 분산하는 것으로 최종 편성을 확정합니다.

초등학교
구석구석 살펴보기

교무실

  초등학교의 교무실에는 보통 선생님 세 분께서 근무하고 계십니다. 교무실의 책임자는 교감 선생님이며, 교감 선생님의 집무실이 교무실입니다.

  교감 선생님은 학교 운영 전반에 관해 교장 선생님, 행정 실장님과 거의 매일 오전 회의를 합니다.

  교무실에서 근무하시는 다른 두 분은 교육 행정실무사 선생님입니다. 이분들은 학교의 행정업무를 맡고 있습니다. 방과후학교, 과학실험 준비, 학적, 문서 시스템, 학교 홈페이지, 방송 등을 챙깁니다. 학교에 문의나 민원 사항이 있어서 전화하면 대표 전화를 받는 분들이기도 합니다. 또, 학부모 총회나 학예회 등 행사에서 사진을 찍고, 노트북으로 프레젠테이션 화면을 조정하기도 합니다. 전화 문의에 응답하고, 민원 사항이 있으면 교감 선생님에게 전달합니다. 방과후학교, 전학과 입학, 돌봄 교실 수업 관련한 문의가 있거나 중단할 때 교무실에 전화하면 이분들을 통해 바로 해결됩니다.

교장실

교장실은 따로 마련되어 있습니다. 대부분 각 학교의 1층에 있습니다.

교장 선생님과 직접 면담을 희망한다면 미리 교무실을 통해 약속을 잡고 가는 것이 좋습니다. 교장·교감 선생님은 학교를 대표하기에 대외 출장으로 자리를 비우는 경우도 잦거든요. 그렇다고 어렵게 생각할 필요는 없습니다.

교사로서, 학부모로서 이제껏 여러 교장·교감 선생님을 만나 왔는데, 공통점은 학부모의 문의와 민원 사항에 마음을 열고 들으려는 준비가 되어 있다는 것입니다. 그 옛날 독불장군 같은 할아버지 교장 선생님은 이제 찾아보기 어렵습니다.

행정실

행정실은 학교 전체의 행정 업무를 관할하는 곳입니다. 학교 예산을 집행하는 것부터 시작해 교실 전구를 교체하는 것까지 모두 행정실을 거칩니다.

학부모가 행정실에 볼일이 있는 경우는 많지 않습니다. 때로 통장 잔고가 없어서 방과후학교 수업료나 우유 대금이 제 날짜에 인출되지 못할 때 행정실에서 보호자에게 전화하는 정도입니다. 실수로 두 번 인출되었거나 인출된 금액이 맞지 않을 때, 전학을 가야 할 때는 행정실 담당 선생님과 통화하면 해결됩니다.

교직원들은 친절에 관한 연수를 따로 받아 가며 학부모나 교외의 문의와 민원 사항에 최대한 협조해 응답할 것을 교육받고 있습니다. 그러니 학교에 궁금한 점이나 부탁할 일이 있다면 전화를 망설이지 않아도 됩니다.

입학할 아이를 위한
아빠, 엄마의 대화법

'초등학생의 학부모'라는 새로운 이름과 역할을 갖게 된 아빠, 엄마의 막연한 불안과 궁금증은 입학 직전, 최고조에 달합니다. 그렇다면 '초등학생'이라는 새로운 이름과 역할을 갖는 아이의 마음은 어떨까요? 초등학교 병설 유치원에 다닌 경험이 있었던 아이들 몇몇을 제외하고는 대부분 비슷한 마음일 것입니다. 학교라는 곳을 향한 막연한 동경, 호기심, 기대 같은 긍정적인 감정과 두려움, 거부감, 공포 같은 여러 감정이 섞여 혼란스러울 거예요.

입학을 앞둔 아이와 나누는 대화는 그 어떤 준비물보다 중요하고 든든한 과정이라는 점을 기억하고 대화 시간을 늘려 주세요.

대화 1. 학교생활과 능력을 연결하지 마세요.

입학을 앞둔 아이는 온 마음으로 생각하고 걱정한답니다. 뭔가를 더 잘하고 싶고, 더 많은 것을 척척 해내고 싶지만 되지 않는 것뿐이지요. 그런 아이들에게 입학 날짜가 다가온다는 사실로 협박하듯 겁주고 잔소리하는 것은 학교에 부정적인 인식만 더할 뿐이랍니다.

✔ "와, 이런 것도 혼자 할 수 있네? 학교 가서도 혼자 척척 잘할 거야."
✘ "너 이제 학교 갈 때가 다 됐는데 아직 이것도 혼자 못하면 어쩌려고 그래?"

대화 2. 아이가 요즘 느끼는 감정이 무엇이든 공감해 주세요.

입학을 앞둔 주변 친구들의 설레는 분위기를 우리 아이도 충분히 느낍니다. 다들 설레는 것 같은데 나는 그렇지 않고 자꾸 두려워져 위축되기도 한답니다. 이럴 때 아빠, 엄마가 다른 아이와 비교하면 더 속상하게 만들 뿐이지 아이가 학교를 좋아하거나 기대하게 되는 건 아닙니다. 아이가 자기 속도로 학교와 교실에 익숙해지고, 서서히 친구들에게 마음을 열도록 도와주세요.

✔ "엄마도 처음으로 학교 가고, 직장 가야 했을 때 떨리고 무서웠는데, 너도 엄마랑 비슷하구나! 처음엔 누구나 다 그런가 봐."
✘ "다른 애들은 입학한다고 신나서 그러던데 너는 왜 이렇게 싫다고만 하는 거니?"

대화 3. 학교와 관련된 재미있는 이야기를 들려 주세요.

초등 시기 내내, 아빠와 엄마는 이야기꾼이 되어야 합니다. 아이가 어떤 부분에서 두려움이 큰지를 가장 잘 아는 두 사람이기 때문이죠. 이럴 때, 아이가 유독 힘들어하는 부분에 관해 재미있는 이야기를 만들어 들려주세요. 아이가 좋아하는 캐릭터나 크리에이터가 학교생활과 관련해 아이와 같은 감정을 느끼면서도 학교생활을 잘해 나가는 과정을 이야기로 만드는 거죠. 학교와 관련된 이야기인데 깔깔 웃으며 좋아할 만한 유치하고 기억에 오래 남을 이야기를 들려주면 좋습니다. 아이가 평소 좋아하던 이야기에 학교라는 장소를 설정하여 학교는 즐겁고 재미있는 곳이라는 생각을 무의식중에 가질 수 있게 하는 원리랍니다.

✔ "엄마가 어릴 때 우리 반 친구 중에 콧구멍으로 피리를 부는 친구가 있어서 음악 시간마다 연주해 주었어."
✘ "학교는 원래 못하면 혼나고, 네가 멋대로 굴면 절대로 안 되는 곳이야. 그러니까 행동 조심해."

2. 슬기로운 초등생활

혼자서도
등교할 수 있어요

3월 첫 주에 초등학교 교문은 여러 배우들이 등장하는 레드 카펫을 방불케 합니다. 아이의 초등학교 입학을 목을 빼고 매일같이 기다리던 엄마, 아빠, 할머니, 할아버지들이 나날이 아이와 만남의 장소를 바꾸어가며 혼자 등교하는 아이로 성장하게 돕습니다.

어느 순간부터는 아이가 혼자 횡단보도도 건너고 친구들과 같이 집에 오기도 합니다. 그렇게 아주 조금씩 본인만의 속도로 성장합니다.

언제까지 아이와 함께 등교해야 할까요?

1학년 등굣길, 부모의 동행을 기대하는 아이도 있지만 혼자 씩씩하게 등교하고 싶어 하는 아이도 있습니다. 아이의 기본 성향과 지금까지 했던 경험이 영향을 미치는 것이죠. 또 학교 근처에 사는 아이가 있는 반면, 15분 이상을 걸어서 등교하는 아이도 있을 수 있습니다.

그래서 정답도 없고 기준도 없습니다. 아이가 해 보겠다고 하면 혼자 할 수 있도록 기회를 주되, 힘들어하는 아이를 억지로 혼자 가라고 떠밀지는 않았으면 좋겠습니다.

1학년, 안전을 안심하기는 아직 일러요

초등 고학년이 등교하는 모습을 본 적이 있으시죠? 다들 어찌나 듬직하고 차분하게 마음에 드는 속도로 학교를 향하는지 몰라요. 그에 비하면 1학년 우리 아이는 위험해 보이고, 느려 보이고, 산만해 보이죠. 하지만 결국 1학년 우리 아이도 고학년으로 올라갈수록 점차 의젓해질 거예요. 시간이 약일 뿐이지요. 그때까지는 수고스럽고 지겹더라도 아이의 안전과 등교 시간을 챙기면 좋겠습니다.

1학년 첫 1년만큼은 안전을 안심하지 말아 주세요. 아이가 매일 혼자 다닐 등하굣길을 아빠, 엄마께서 미리 여러 번 오가며 어떤 위험 요소가 있는지 파악해 주세요. 사고는 순간입니다. 내 아이는 내가 지켜야 해요.

아이들이 친구랑 대화하고, 장난칠 때는 신호등도 제대로 못 봐요. 또, 신호등을 철저히 지키는 경우라도 어떤 길에서든 신호 위반하는 차를 만날 수 있다고 생각하고 미리 주의시켜야 합니다.

신호가 켜져도 양옆에 멈춰 선 차를 확인한 후에 건너야 한다고 매일매일 마치 처음인 것처럼 이야기해 주세요. 무의식이 정말 무섭고, 생각보다 훨씬 힘이 있어요. 아이들이 안 듣는 것 같아도 아이의 무의식에 저장되거든요. 잔소리하는 엄마도 지겹고 잊기 쉽지만, 그래도 다정하고 따뜻하게 아이의 안전을 지키는 말을 전해야 합니다.

등교 시간
늦지 않기

학창 시절 내내, 아이가 등교 시간 지키기를 기본 원칙으로 삼도록 도와주세요. 더 나아가 제시간에 조금 일찍 교실에 도착하는 게 아이의 일상이 되도록 만들어 주세요.

반 아이들을 오랜 시간 관찰하면서 내린 결론인데, 지각은 습관이더라고요. 아침마다 실랑이하다 큰소리 내며 울리지 않기 위해서는 1학년 때부터 차근차근 쌓아 올린 습관의 힘이 그 무엇보다 필요합니다.

취침 시간 사수하기

번번이 늦잠으로 지각하는 아이를 관찰해 보면 잠자리에 든 시간이 늦은 경우가 대부분입니다. 일찍 자야 일찍 일어날 수 있는 건 당연한 원리겠죠? 충분히 자지 못하고 피곤한 상태에서 아침밥도 제대로 못 챙겨 먹고 허겁지겁 등교한 아이가 수업에 집중하는 모습은 기대하기 어렵습니다.

초등 1학년이라면 적어도 10시 이전에는 잠들 수 있도록 9시부터는 바지런히 움직여 주세요. 금요일과 방학에는 늦게까지 실컷 놀 기회가 있다는 점을 아이에게 충분히 설명하고 취침 시간을 사수하세요.

등교 시간은 도착 시간이 아니에요

'9시까지 등교'하라는 건, 아이들이 대부분 9시 전에 등교해서 교실에 앉아 있다는 뜻이에요. 9시에 들어가면 조용한 교실 문을 열고 들어가 멋쩍은 표정으로 자리에 앉아야 한다는 의미이기도 하죠. 이미 10~20분 전부터 아침 활동이나 독서를 하던 아이들이 차분하게 수업을 준비하는 시간이기도 하고요. 9시에 아슬하게 도착하면 혼자서만 너무 바쁠 수 있으니 조금 더 일찍 등교할 수 있도록 도와주세요.

1학년은 걸음이 느려요

1학년은 집에서 출발해 교실에 도착하기까지 걸리는 시간이 훨씬 더 오래 걸릴 거라 예상해 주세요. 또, 1학년은 책가방도 무겁게 느끼고, 굳이 학교에 일찍 가야 할 이유도 모릅니다. 부모님과 함께 걸어서 오가던 속도에 비해 더 많은 시간이 걸릴 테니 이를 충분히 감안하여 집에서 출발하는 시간을 정해 주세요.

지각하면 벌을 받나요?

지각에 관한 규정과 처벌 정도는 담임 선생님 재량이라 반마다 다릅니다. 해마다 담임 선생님께서 지각에 관해 미리 안내하시고, 학급별 규칙에 근거해 지도하는 게 보통입니다.

하지만 그해 그 반의 규칙과 상관없이 '일정하고 조금 이른 시간에' 등교하는 습관을 들이는 것이 핵심입니다. 간혹 "지각해도 선생님께서 혼내지 않으니까 아이가 늦어도 상관없다면서 매일 천천히 학교에 가요. 선생님이 무섭게 혼내셔서 저희 아이 버릇 좀 고쳐 주세요."라는 요청을 하시는 부모님들도 있습니다. 그런데 가정에서 먼저 시간 약속을 꼭 지켜야 한다는 것을 배우고 실천해 나갈 수 있도록 함께 노력해 주세요.

등교 시간 관련 영상 바로가기

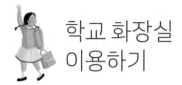

학교 화장실
이용하기

입학을 앞둔 부모와 아이의 가장 큰 걱정 중 하나는 화장실이에요. 공공 화장실 사용을 꺼리는 깔끔한 성향의 아이는 학교에서 화장실을 아예 가지 않기도 하지요. 또, 낯선 학교 화장실은 잘 이용하지만 뒤처리할 일이 고민스러운 아이도 있어요. 배변 활동이 활발해 수시로 대변을 보는 아이도 있고, 뭔가에 열중하면 소변이 마려운 줄도 모르고 있다가 갑자기 급해져서 수업 시간에 화장실을 가고 싶다고 인상을 쓰는 아이들도 여럿 있습니다.

화장실, 미리 경험하면 좋아요

앞에서도 이야기했지만, 1월 예비 소집일에 학교에 방문했을 때 화장실만이라도 꼭 들러 보면 좋겠어요. 입학식 날도 좋은 기회랍니다. 뭐가 뭔지 몰라 얼떨떨해하는 아이 손을 잡고 아이의 교실과 가장 가까이에 있는 화장실에 동행해 보세요. 당장 입학식 다음 날부터 이 화장실을 이용해야 할 생각에 아이 마음도 그다지 편치 않은 상태이기 때문이에요. 밖에서 구경만 하지 말고, 동성의 부모가 함께 안에 들어가 볼일을 보고 손도 씻고 하면서 낯설지 않게 해 주세요.

수업 시간에 화장실에 가도 괜찮아요

1학년 선생님들은 화장실 사용에 관대합니다. 1학년 아이들은 수업 중 언제든 화장실에 갈 수 있고, 자주 가도 괜찮습니다. 수업 시간에도 아이가 손을 들어 표현하면 언제든 바로 화장실에 다녀오게 해 줍니다. 덕분에 아이들이 학교에서 실수하는 경우는 많지 않습니다.

문제는 아무 때에나 화장실 다녀오는 버릇을 2학년, 3학년이 되어도 고치지 못한다는 거예요. 화장실은 참기 힘들 때 급하게 다녀오는 곳이 아니라, 여유가 있을 때 미리 다녀와야 하는 곳이라는 개념을 잘 잡아주어야 합니다.

대변이라는 큰 산을 넘으려면

문제는 소변이 아니라, 대변입니다. 집이 아닌 곳에서 대변을 본 적이 없고, 볼 수 없다고 생각하는 아이들이 생각보다 많습니다. 정말 급할 때는 학교에서 대변을 볼 수도 있다는 생각만 갖고 있어도 불필요한 긴장을 하지 않을 텐데, 경험이 없으면 어렵습니다. 기회가 닿는 대로 집이 아닌 곳에서 볼일을 보는 경험을 하게 해 주어야 합니다. 비교적 깨끗하게 관리하는 마트, 쇼핑몰, 도서관 등에서 대변을 봤던 경험이 학교에서 갑자기 급하게 배가 아플 때 큰 힘이 되어 준답니다.

방법을 설명하고 연습하게 해 주세요

대변을 보고 나서 뒤처리하는 법을 차근차근 알려 주세요. 실습도 되도록 여러 번 해 봐야 합니다. 집에서는 비데를 이용하거나 엄마의 도움을 받고, 물로 씻기도 했지만 학교에서는 이 모든 게 불가능하거든요. 혼자 힘으로 뒤처리까지 하고 나올 생각에 큰 볼일을 시도하지 않는 아이들이 많습니다. 또, 휴지는 대략 얼마만큼 잘라서 접어야 하는지 알려 주세요. 한 번만 말해 주면 잘 알아듣습니다. 아이들이 쓸데없이 많은 휴지를 뜯어서 화장실 바닥에 막 흩어 놓는 모습도 늘 만나는 풍경이랍니다.

화장실을 주제로 대화해 보세요

학교 화장실 사용에 대해서 아이와 편하게 대화를 나누다 보면 몰랐던 학교생활을 알게 됩니다.

"오늘 학교는 재미있었어?"라는 질문 대신 "화장실 갈 때는 누구랑 같이 가?", "화장실에서 친구들이랑 장난치는 거 재미있지?" 같이 구체적으로 질문해 보세요. 그러면 아이가 "오늘 학교에서 재미있던 일이 뭐가 있더라?" 하고 굳이 떠올리려 애쓰지 않고도 종알종알 학교 이야기, 친구 이야기를 들려줄 거예요.

학습 준비물
꼼꼼하게 챙기기

아이가 초등학교에 가면 부모의 속을 끓게 만드는 행동 중 하나가 물건을 흘리고 다니는 것입니다. 연필, 지우개는 없어져서 다시 채워 넣는 게 자연스러울 정도고, 실내화 가방이 없어지거나 책가방을 통째로 잃어버리는 통 큰 1학년도 있습니다. 큰맘 먹고 장만한 겨울 점퍼를 운동장 어딘가에 벗어두었다가 잃어버리고 덜덜 떨며 집에 가는 아이도 있고요. 운동화를 잃어버리고 나서는 실내화를 신고 집으로 돌아가는 아이도 있습니다.

책가방

책가방을 고를 때는 디자인, 유행, 브랜드보다는 아이의 체력과 가방의 무게를 고려하여 선택하는 것이 좋습니다.

단단하고 형태가 갖춰진 재질의 가방일수록 무게가 많이 나가는데, 학교생활을 하다 보면 숙제, 물병, 대출 도서 등의 짐이 늘어나 전체 무게가 아이에게 부담이 될 수도 있습니다. 또 너무 재질이 가볍고 얇으면, 교실에서 자리를 못 잡고 이리저리 쏠려 다니다가 지저분해지는 경우가 많답니다. 가방 위쪽에 걸 수 있는 고리형 손잡이가 있는지도 확인해 주세요.

입학 때 처음으로 구입했던 책가방은 보통 3~4학년 정도까지 사용하기 때문에 이를 염두에 두고 선택하면 좋습니다.

실내화 가방

보통 책가방과 함께 세트로 판매하는 보조 가방을 실내화 가방으로 사용합니다. 하지만 꼭 맞춤으로 할 필요는 없으니 저렴하고 디자인이 단순한 마트 상품도 충분히 훌륭합니다.

일부 학교들은 실내화를 학교에 두고 다니도록 운영하니 예비 소집일에 학교를 방문하여 실내화 사용 여부를 확인하는 것이 좋습니다. 실내화 가방은 지저분해지기 쉬우니 주기를 정해 놓고 세탁에 신경 써 주세요.

실내화

실내에서 활동하기 쉬운 가볍고 편하고 실용적인 무난한 스타일을 추천합니다. 문구사, 마트 등에 흔하게 판매 중인 흰색 운동화 스타일이 가장 좋습니다. 털신, 슬리퍼 등은 안전상의 문제로 피해야 하며, 주말마다 한 번씩 세탁하는 것이 좋습니다.

교실의 모든 친구가 거의 비슷한 디자인의 실내화를 신기 때문에 실내화의 겉, 바닥, 안쪽 등에 네임펜으로 학년, 반, 이름을 표시해 두어야 해요. 이때 아이에게 직접 이름 써 볼 기회를 주기를 추천합니다.

필통

필통 자체에 게임기 기능이 있거나 1, 2층으로 되어 지나치게 큰 형태의 플라스틱, 스테인리스 재질의 필통은 아이가 갖고 싶어 하더라도 참아주세요. 툭하면 수업 시간에 불필요한 소음을 유발하고, 보고만 있어도 장난을 치고 싶어집니다. 천으로 만들어진 내부 구성이 알찬 필통을 추천합니다. 떨어뜨려도 큰 소리가 나지 않으며 세탁도 쉽습니다.

연필은 서너 자루를 집에서 깎아 다니게 해 주시고, 필통 안에는 지우개, 자, 빨간펜, 네임펜 정도 챙겨 다니게 해 주세요. 형광펜, 색깔 볼펜, 커터칼, 샤프펜슬 등은 가지고 다니지 않도록 필통을 체크해 주세요. 주말에 한 번, 주중에 한 번 정도 필통을 점검하면서 관리하는 습관이 정착되도록 도와주세요.

양치 도구 세트

칫솔, 치약, 컵 등이 휴대하기 편한 세트로 되어 있으면 가장 좋습니다. 학교에서도 아이가 스스로 사용하며 관리하기 쉽도록, 여닫기 간편한지 확인하고 구입해 주세요. 이름을 쓰기 어려운 곳에는 네임 스티커를 주문하여 부착해 두면 편리합니다.

신발

1학년 초기에는 입학 후 학교생활 적응에 중점을 두기 때문에 실내외를 오가는 다양한 활동에 참여합니다. 따라서 신고 벗기 불편한 신발이나 자유롭게 달리기 어려운 신발은 피해야 합니다. 아이 스스로 신고 벗기 편하며 활동이 불편하지 않을 운동화를 준비해 주세요.

간혹 실외 활동이 있는 날 구두, 부츠, 장화, 샌들, 크록스를 신고 곤란해하는 친구들이 있어요. 주간 학습 안내를 참고하여 실외 활동이 계획된 날은 반드시 운동화를, 그렇지 않은 날에도 기본적으로 활동에 불편함이 없는 신발을 준비해 주세요.

그 밖의 학습 준비물 목록

준비물 목록은 보통 입학식 후 각 교실에서 받습니다. 물티

슈, 두루마리 화장지, A4 파일, L자 파일, 알림장, 사인펜, 색연필, 네임펜, 연필, 자, 지우개, 가위, 딱풀, 색종이, 파일 박스, 미니 빗자루 세트, 바구니, 종합장(무선/유선), 열 칸 공책, 사물함용 바구니 등이 있습니다. 학급별 준비물 목록을 확인한 후 구입하면 되고, 준비물 목록에 관한 안내를 받은 후부터 일주일 정도의 준비 기간이 있습니다. 하지만 가능하다면 미루지 말고 준비해서 보내는 것을 추천합니다.

네임 스티커 활용하기

입학하기 전 겨울 방학 즈음 미리 한 학년 쓸 분량의 네임 스티커를 넉넉히 주문해 놓으면 1년이 편합니다.

웬만한 물건에 다 붙이고, 책가방, 실내화 가방, 실내화 안쪽 바닥, 모자, 외투, 줄넘기, 우산 손잡이에도 붙여 주세요. 색연필, 사인펜, 크레파스도 케이스만 챙기지 말고 모든 색에 이름을 붙여 주세요. 사인펜과 네임펜 뚜껑에도 이름을 붙여 주세요.

네임 스티커의 주문 옵션에는 연필용과 뚜껑용 스티커도 있답니다. 처음 한 번만 같이 해 주고, 그다음부터는 직접 붙이라고 하면 아이도 좋아하고, 자기 물건을 관리하는 유익한 경험을 쌓을 수 있습니다.

교과서에 이름 쓰기

새 학기 시작 전에 새 교과서를 받아오면 일단 앞표지와 뒤 표지에 네임펜으로 크게 이름부터 적으라고 하세요. 교과서에도 이름을 안 적어서 잃어버리는 아이들이 있거든요. 교과서는 잃어버리면 대형 서점이나 인터넷 서점에서 개별 구입해야 합니다.

물건을 소중히 여기는 마음도 챙겨 주세요

물건을 잘 챙기라는 아빠, 엄마의 잔소리는 요즘 아이들에게 와닿기 어렵습니다. 왜 챙겨야 하는지, 안 챙기면 어떤 불편함이나 피해가 오는지 아이가 직접 느끼고 경험할 기회가 없었기 때문이지요. 그래서 이름이라도 꼬박꼬박 써서 억지로라도 내 물건을 챙기는 습관을 길러 보라고 하는 거예요. 교실 바닥을 구르던 지우개에 이름이 쓰여 있기에 돌려줬더니 "새 지우개 있어서 이거 필요 없어요."라며 돌아서던 저희 반 아이의 모습이 떠오르네요.

풍족한 게 좋은 거 아닌가요?

유대인의 자녀 교육법 중에 이런 말이 있습니다. "자녀를 풍족하게 키우기보다는 차라리 방치하는 것이 낫다." 풍족한 물건은 아이에게 독이 되기도 한다는 의미입니다. 저 역시 풍족함을 선택한 여느 엄마와 다를 바 없습니다. 그것 자체를 비난하려는 의도는 없습니다. 단지, 그 풍족함이 아이에게 독이 되지 않았으면 합니다.

물건이 없어서가 아니라 내 물건이기 때문에 소중하게 아끼고 관리해야 한다는 것을 아이와 충분히 이야기해 보기를 권합니다. 의도치 않게 풍족한 환경을 아이에게 제공하게 되었다면, 물건을 스스로 잘 챙기고 아끼고 사랑하는 마음을 아이에게 유산으로 남겨 주세요.

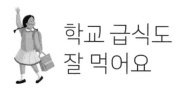

학교 급식도
잘 먹어요

입학식 다음 날, 1학년의 첫 급식 시간은 담임 선생님과 아이들 모두에게 가장 어려운 관문으로 꼽힙니다. 학교에 따라서는 일주일 정도 적응 기간을 거친 후에 급식을 시작하기도 하지만, 학교에서는 대부분 입학식 바로 다음 날 급식이 시작됩니다.

아침밥 사수하기

아침을 거르고 등교하면 오전 내내 허기로 힘들어하다가 점심에 폭식하게 됩니다. 당연히 수업에도, 아이 몸에도 좋지 않습니다. 꼭 밥이 아니어도 괜찮으니, 빈속으로 등교하지 않도록 아이가 가볍게 먹을 만한 것들로 아침 식사를 준비해 주세요. 아이가 성인이 될 때까지 부모의 당연한 루틴으로 받아들이고 귀찮음과 바쁨과 게으름을 이겨 내세요.

유치원과 너무 다른 학교 급식

커다란 스테인리스 식판에 담겨 나오는 생소한 반찬 세 가지, 건더기의 크기와 느낌이 유치원과는 좀 다른 국물, 그리고 엄마, 아빠가 쓰던 성인용 스테인리스 숟가락과 젓가락. 집에서 챙겨 다니던 숟가락 포크 세트 혹은 연습용 젓가락은 어디에도 없습니다. 날마다 들고 다니던 아기자기한 유치원 식판도 없고요.

모든 것이 생소한 밥상을 앞에 놓고 한숨을 쉬어 보지만 뾰족한 수가 없습니다. 물론 개별 요청으로 개인 수저를 갖고 다니는 아이도 가끔 있지만 그게 아이를 위하는 방법이라고 보기는 어려워요. 성인 수저를 쓰는 친구들 틈에서 홀로 포크를 사용하다 보면 마치 동생이 된 듯한 느낌을 지우기 어렵거든요.

급식 시간이 힘든 1학년 아이들

일단, 반찬이 입에 맞지 않습니다. 성인식에 가까울 만큼 매운 반찬, 매운 국이 자주 등장하다 보니 아이들 입맛에 잘 맞추어져 있던 유치원 반찬이 그리울 수밖에 없습니다. 그것뿐인가요. 식판을 들고 가다가 놓치고, 친구의 팔에 부딪혀 식판이 쏟아지고, 옆에서 말하는 친구의 침이 국물에 튀어 속상하고, 속이 안 좋은데 기어코 밥을 꾸역꾸역 먹다가 토하고, 먹기 싫은 반찬을 앞에 두고 얼음이 된 아이들의 모습은 입학 첫 주 급식 시간의 흔한 풍경입니다.

학교 급식실은 전교생이 함께 이용하다 보니 시끄럽기도 엄청 시끄럽습니다. 선생님께서 가족처럼 바로 옆에서 도와주셨던, 조용한 레스토랑 분위기의 유치원 점심시간에 비하면 엄청나게 수선스러운 푸드코트 느낌이라 생각하면 이해가 쉽습니다.

입에 맞지 않는 학교 급식

학교 급식에는 아이들의 입에 맞지 않는 반찬이나 국이 한 가지라도 없는 날이 거의 없습니다. "학교 급식 맛있니?" 하고 확인차 물어보면 "맛없어요." 하고 인상을 찌푸리는 아이들이 꽤 많습니다. 부모님은 그 말만 듣고 '학교 급식은 맛이 별로다'라고 쉽게 결론을 내립니다.

아이들의 "맛없어요."라는 말은 정말 급식의 맛이 나쁘고 식단에 문제가 있다는 뜻이 아닙니다. 내가 싫어하는 반찬이 전보다 자주 나오면 급식이 맛없다고 생각하는 경우가 많더라고요. 1학년에게는 더욱 그렇습니다. 매워서 못 먹고, 낯설어서 못 먹는 반찬이 매일 한 가지 이상은 반드시 등장하기 때문이지요.

젓가락질 연습하기

젓가락질을 완전히 연습하고 입학하는 친구들은 한 반에 두세 명 정도입니다. 대부분은 젓가락으로 건더기를 운 좋게 건져 먹거나 숟가락으로 모든 음식을 섭렵하는 신공을 발휘하지요.

시간이 해결해 주는 것 중 하나가 젓가락질인데, 집에서 신경 써 주면 그 시간이 조금은 빨라집니다. 또, 숟가락 급식에서 하루빨리 벗어나기 위해 입학 전부터 시작해 1학년 내내 집에서 하루에 한 번 정도는 어른 젓가락을 사용하게 하는 것도 좋습니다. 상대적으로 시간이 여유롭고 반찬이 여러 종류인 저녁 식사 시간을 추천합니다. 소근육 발달에도 탁월한 효과가 있다고 하니 지금부터 천천히 시작해 주세요.

급식실에 남겨지는 아이

점심시간이 되어 급식실로 이동할 때는 반별로 줄을 서서 함께 이동하지만, 식사 후에는 먼저 먹은 아이부터 자유롭게 급식실을 나와 자유 시간을 갖습니다. 도서관, 운동장, 교실 등으로 흩어져 자유를 만끽하죠. 그런데 유독 천천히 먹는 편이거나 식사 시간 내내 장난 치고 떠드느라 못 먹은 아이들은 친구들이 모두 떠난 급식실에서 남은 밥을 먹느라 힘들어하기도 한답니다. 밥을 입안에 물고 안 씹는 습관이 남아 있다면 가정에서 천천히 교정해 주세요.

씩씩한 급식 시간 준비하기

아이가 유난히 먹기 힘들어하는 음식이 있거나, 입이 짧아 급식을 먹는 둥 마는 둥 하거나, 편식이 심하거나, 좋아하는 반찬이 나오면 너무 많이 먹으려고 폭식하는 등 식습관에 우려되는 부분이 있다면 학기 초에 나눠 주는 기초 조사서에 꼭 적어서 보내 주세요.

평소에 느린 속도로 식사하는 편이라면 조금만 시간을 당겨 보는 연습을 하는 것도 도움이 됩니다. 선생님께 미리 귀띔한다면 밥을 잘 먹었을 때 큰 칭찬을 받을 수도 있어, 급식 시간이 칭찬받을 기회가 되겠지요.

음식 알레르기

특정 음식에 알레르기가 있다면 반드시 담임 선생님과 보건 선생님에게 알려야 합니다. 입학 초기에 이에 관한 조사서가 배부되니 꼼꼼히 적어 보내세요. 예를 들어 땅콩 알레르기가 있다면, 땅콩이 나오는 날에는 그 반찬을 아예 받지 말아야 하며, 혹시 땅콩 성분이 밥에 섞여서 나오는 식단이라면 따로 밥을 챙겨 보내야 합니다. 식단표를 받으면 꼭 사전에 확인하여 혹시라도 아이가 알레르기 음식을 먹게 되는 일이 없도록 세심하게 신경 써야 합니다.

교실 속 칫솔 관리하기

새 학년이 되면 마트마다 가장 먼저 동나는 게 바로 양치 컵 세트예요. 하지만 정성껏 챙겨 보낸 양치 컵 세트는 1년 내내 컴컴한 사물함만 지키다가 학년 말에 그대로 집으로 돌아가는 경우가 많습니다.

문제는 교실에 가져간 칫솔의 위생 상태입니다. 점심시간에 양치질이 끝나고 나면 축축한 컵과 칫솔, 치약은 해가 들지 않는 사물함에 보관되는 게 보통입니다. 그러니 세균이 번식하기 딱 좋지요. 사물함 속에 두어 더러워지기 쉬운 칫솔은 주기적으로 집으로 가져와 세척하고 말리는 것을 추천합니다. 물론 아이가 알아서 꼬박꼬박 집에 챙겨 오는 일은 거의 불가능할 테니, 알림장 메모로 적어 주세요.

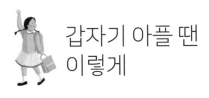

갑자기 아플 땐
이렇게

어린이집부터 시작해서 유치원 졸업까지 숱하게 썼던 종이, '투약의뢰서'를 기억하시나요? 기관마다 형식은 조금씩 다르지만 증상, 용량, 투약 시간, 보관 장소 등을 적어서 약과 함께 아이 가방에 넣어 보내면 걱정이 없었는데, 그때가 참 좋았습니다.

학교는 보육 기관이 아니에요

학교는 다릅니다. 아이를 키워 본 경험이 없거나, 1학년을 처음 맡으신 선생님들이 1학년을 맡고 가장 당황스러워하는 게 아이에게 약을 먹여 달라는 부탁이에요. 유치원에서는 자연스러웠던 "12시 30분에 가방 앞주머니에 들어 있는 약 먹여 주세요."라는 부탁을 학교에 하면 "여기가 보육 기관인 줄 안다."며 난감해 하십니다.

학교는 보육 기관이 아니므로 담임 선생님이 아이의 약을 챙겨 먹일 의무가 없음을 기억해 주세요. 그래서 어른의 도움 없이 약을 챙겨 먹을 수 있게 미리 연습하고 준비해야 합니다.

아이도 혼자 약을 챙겨 먹을 수 있어요

초등학교 입학과 동시에 약을 먹는 건 결국 아이의 일이 될 거예요. 스스로 할 수 있도록 설명하고 연습할 기회를 주세요. 약병을 넣어 놓는 장소를 책가방 어느 한 곳으로 정해 놓고, 손만 넣으면 바로 약병을 찾을 수 있도록 준비해 주세요. 그리고 알림장에 메모를 남기세요. '점심 먹고 약병 꺼내서 약 먹기'라고 말이죠.

아이와 연락을 주고받을 수 있는 상황이라면 점심시간이나 방과 후에 연락하여 가방 속 약을 꺼내어 먹게 하면 됩니다. 다만 냉장 보관해야 하는 항생제라면 조금 곤란합니다.

병원 의사 선생님께 부탁을 드려 보세요

냉장 보관용 항생제를 복용해야 하는 상황이라면 처방해 주시는 의사 선생님께 부탁드려 보는 방법도 있습니다. 실온 보관이 가능한 항생제를 처방하거나 냉장 보관해야 하는 약이라면 아침과 저녁에만 먹도록 처방해 달라고요. 냉장 보관용 약을 종일 가방에 넣고 돌아다니다가 저녁에 발견하여 아이를 혼내는 상황은 되도록 만들지 않는 것이 학교 적응에 도움이 됩니다.

1학년 교실 속 응급 처치

1학년을 맡은 담임 선생님은 병원 놀이를 하는 것마냥 다양한 아이들의 증상을 매일같이 만나요. 아프다는 아이들 모두 보건실로 보내면 보건실에서 줄을 서야 할 수도 있어 심각한 증상이 아니면 교실에서 응급 처치를 하는 것이 보통입니다. 대부분은 다친 부위에 밴드를 붙여 주거나, 한두 시간 정도는 수업을 듣지 않고 책상에 엎드려 쉬게 하지요.

학급 수가 적은 학교에는 보건 선생님이 배치되지 않아 각 반에 비치해 둔 구급함을 열어 담임 선생님이 간단한 처치를 하기도 합니다.

보건실에서는 이런 처치를 받아요

열이 있으면 즉시 보건실로 보내고, 보건 선생님은 아이의 보호자인 부모 중 한 분과 통화해 해열제 복용 여부를 확인하고 동의를 구한 후 투약합니다. 해열제 복용 후에는 체온이 떨어질 수 있기 때문에 보건실에서 지켜봅니다.

보건실에서는 소아용 열이 떨어지지 않는다면 아이를 조퇴시키는 게 최선입니다. 집에서 돌봐 줄 수 없는 경우라면 하교 시간까지 보건실에서 휴식을 취하게 합니다. 보건실에 있는 약으로도 충분히 증상을 완화하고 열을 떨어뜨릴 수 있으니 크게 걱정하지 않으셔도 됩니다.

아침부터 아프면 어떻게 하죠?

아이의 몸 상태가 좋지 않아 병원에 들렀다 등교하거나, 하루는 집에서 쉬는 게 좋겠다는 판단이 들면 적어도 9시 이전에 담임 선생님께 연락드리는 것이 우선순위입니다. 바쁜 등교 시간이라 전화보다는 문자 메시지가 낫습니다.

'아이가 열이 나서 병원에 들렀다가 2교시쯤 등교하겠습니다.'

'선생님, 아이가 기침이 심해 오늘 하루는 병원 진료 후 집에서 쉬고, 내일 등교하겠습니다.'

병원 진료로 지각을 하는 경우라면 진료 후 바로 등교하면 되고, 결석하고 쉬는 편이 나은 경우라면 병원에서 발급받은 진료확인서, 처방전, 약 봉투 같은 서류를 다음 날 등교할 때 챙겨 보내면 됩니다. 병결은 결석으로 처리하지 않으므로 아픈 몸을 이끌고 굳이 무리한 등교를 하지 않아도 괜찮습니다.

교실 속 먼지 환경

교실에는 상상 이상으로 먼지가 많습니다. 교실에서 아이들과 종일 있으면 목이 아프고 기침이 절로 나옵니다.

미세먼지 농도가 나쁨 수준인 날도 많고, 계절에 따라 기온이 높거나 낮아 창문을 활짝 열고 환기를 시킬 수 있는 날은 전체 등교 일수 중 절반도 되지 않습니다. 어쩔 수 없이 교실 안 먼지를 아이들이 다 마신다고 생각하면 됩니다.

물론, 시간이 흐르고 아이가 자라면 면역력이 좋아져 교실 안의 먼지가 직접적으로 건강을 위협하는 일은 점점 줄어들게 됩니다.

학교 건강검진 참여하기

4월 즈음이 되면 학교에서 건강검진 문진표를 배부합니다. 전국의 모든 1학년, 4학년 어린이의 건강검진이 시행됩니다. 문진표를 가지고 학교에서 지정한 내과와 치과에 가서 검진받으면 됩니다. 내과에서는 혈액, 소변, 시력, 청력 등을 검사하고, 치과에서는 치아 상태를 점검하지요.

만일 검진 기한을 놓쳤다면, 학교에서 여름방학에 검진 가능한 다른 병원을 안내해 줍니다. 아이의 전체적인 발달과 건강을 체크할 수 있는 기회이니 되도록 정해진 기한 내에 검진을 받도록 하세요. 또, 학교의 건강검진과는 별도로 초등 시기 내내 적어도 6개월에 한 번은 꼭 치과에 가세요. 방학 때마다 한 번씩 가면 기억하기도 좋습니다.

학교에서 다치는 경우

아이들의 학교생활에서 담임 선생님이 가장 신경 쓰는 것은 안전입니다. 아무리 규칙을 잘 지키는 모범생들도 언제나 사고에 노출되어 있습니다. 단체 생활에서는 내 의도와 상관없는 일들도 일어나니까요.

사물함 문에 머리를 부딪치고, 교실 문에 손가락이 끼이고, 친구가 던진 지우개에 눈을 맞기도 합니다. 운동장에서 달리다가 넘어지는 아이는 어느 반에나 꼭 있고, 계단에서 삐끗했는데 깁스에 목발 신세가 되기도 하고요. 짝꿍끼리 장난을 치다가 연필심으로 목구멍에 상처를 낸 경우도 있었답니다. 모두 내 아이에게 일어날 수 있는 일이에요. 아이에게 항상 조심시키지만 누군가가 던진 공책 모서리에 얼굴을 맞는 날벼락을 당하는 곳이 교실입니다.

학교안전공제중앙회의 치료비 지급 기준

수업 활동 중 다치는 아이들은 보건 선생님의 판단에 따라 병원 진료를 보러 가기도 합니다. 기본적으로는 보건 선생님이 동행하고, 보호자께 연락을 취해 병원에서 만납니다.

상처 치료를 위해 병원 진료를 받았다면 의료 실비는 우선 학부모가 부담하는 게 원칙입니다. 치료가 모두 끝난 후에 병원비 영수증 전체와 사고 경위서를 상세히 작성하여 '학교안전공제중앙회'에 신청하면 그곳에서 심의하고, 심의 결과에 따라 치료비 지급 여부가 정해집니다.

학교안전공제중앙회 바로가기

알레르기 증상 공유하고 주의하기

아이가 특정 물질, 식품에 대한 알레르기가 있으며 이에 대해 건강, 안전상 우려되는 부분이 있다면 입학 초 반드시 담임 선생님과 보건 선생님에게 알려야 합니다. 입학 초기에 아이 건강에 관한 조사서가 배부되니 꼼꼼히 적어 보내면 되고요. 가정환경 조사서에도 관련 내용을 반복하여 기재하는 것이 좋습니다.

입학 전 예방접종

본격적인 단체 생활을 앞두고 감염병을 대비한다는 의미에서, 예방접종은 가장 효과적인 수단입니다. 그래서 초등 입학 전까지 필수 접종을 완료하고 이에 관해 확인하는 절차가 필요합니다.

입학하고 나면 아이의 예방접종 이력이 학교의 전산시스템에 입력되므로, 학부모가 직접 예방접종 증명서를 제출할 필요는 없습니다. 하지만 예방접종을 완료했는지, 등록이 제대로 되었는지 미리 인터넷 예방접종 도우미 사이트로 확인하는 것이 좋습니다.

백신 종류	대상 감염병
폴리오 4차	폴리오 바이러스에 의한 전염성 질환 예방
MMR 2차	홍역, 볼거리, 풍진 예방
일본뇌염 사백신 4차	일본뇌염 바이러스에 의한 유행성 뇌염 예방
DTaP 5차	디프테리아, 파상풍, 무세포성 백일해 예방

질병관리청 예방접종 도우미 바로가기

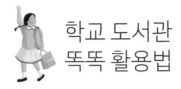

학교 도서관
똑똑 활용법

학교 내 시설 중 가장 눈에 띄고, 마음에 쏙 드는 건 학교 도서관일 겁니다. 틈나는 대로 도서관에 들러 책의 바다에 풍덩 빠진 아이의 모습을 상상만 해도 흐뭇하죠. 학교 도서관은 초등 6년 동안 아이의 보육과 성장을 위한 소중한 공간이 될 거예요. 그 첫 단추를 시작해 보도록 할게요.

학교 도서관 대출증 발급받기

입학 후 얼마 지나지 않아 1학년들은 학교 도서관에서 발급해 주는 도서 대출증을 받습니다. 학교에서 알아서 발급해 주기 때문에 크게 신경 쓸 일은 없습니다.

1학년들은 담임 선생님과 함께 도서관에 가서 대출, 반납하는 방법을 배웁니다. 익숙해지면 쉬는 시간, 점심시간을 활용해 도서관에 들러 각자 읽고 싶은 책을 대출하기 시작할 거예요. 도서관에는 사서 선생님께서 상주하고 계시고요. 그렇지 않은 경우는 도우미 어머니들이 교대로 지키며 되도록 항시 개방을 원칙으로 운영하고 있습니다.

아이에게 학교 도서관이란?

집 근처의 동네 도서관이 엄마, 아빠 손에 이끌려 다녔던 학원 같은 느낌이었다면, 학교 도서관은 친구들과 우르르 몰려가 재미있는 학습만화, 그림책을 함께 보며 낄낄거리는 학교 속 작은 쉼터 느낌입니다. 그래서인지 쉬는 시간, 점심시간마다 열심히 도서관을 찾는 아이들이 많습니다. 물론 학년이 올라갈수록 도서관을 찾는 아이들의 비중이 급격히 줄어든다는 건 안타깝지만 말이에요.

학교 도서관 쏙쏙 활용법

도서관은 방과 후 시간을 보내는 용도로도 더없이 적절합니다. 학교 수업을 마치고 학원이나 방과 후 수업에 가기 전까지 틈나는 시간 동안 도서관에서 자유롭게 책을 읽으며 보내는 것을 습관으로 만들어 주세요. 다른 바쁜 수업 일정이 없다면 매일 30분씩 도서관에서 독서하고 하교하는 것도 매우 권해드리고 싶은 방법입니다.

또, 학교 도서관에서는 학생들이 책과 친해지도록 유도하기 위한 다양하고 재미있는 책 관련 행사를 자주 개최합니다. 아이가 그것에 관심을 두고 열심히 참여한다면 격려하며 계속할 수 있게 해 주세요.

학교 도서관 활용법 관련 영상 바로가기

돌봄 교실
활용하기

1학년의 하교 시간은 유치원에 비해 부담스러울 만큼 빠릅니다. 그래서 1학년 부모의 가장 큰 고민은 방과 후 긴 시간을 어떻게 보내게 하느냐입니다.

안전하고, 재미있고, 유익하기까지 한 방과 후 시간을 바란다면 학교 안에서 운영하는 프로그램을 우선순위로 활용하세요. 그 어떤 학원이나 사교육보다 장점이 많답니다.

돌봄 교실 신청하기

취학통지서와 함께 배부된 서류에는 돌봄 교실 신청서가 들어 있습니다. 미리 작성해서 예비 소집일에 제출하면 됩니다. 돌봄 교실의 인원수보다 신청자가 많은 경우에는 추첨 방식으로 조정하는 것이 보통이기 때문에 혹시라도 돌봄 교실에 탈락할 경우 대안도 생각해 두어야 합니다.

돌봄 전담 선생님은 어떤 분들인가요?

돌봄 교실은 학교 선생님 중 한 분의 업무로 배정됩니다. 담당 선생님은 1년간의 돌봄 교실 운영에 관한 계획을 세우고 특강 프로그램 과목과 강사 섭외 등의 업무를 합니다. 매일 교실에 들러 특강이나 간식 등도 확인합니다.

교실 안에서 실제로 아이들을 챙겨 주고 학부모와 소통하는 돌봄 전담사 선생님도 따로 계십니다. 돌봄 선생님은 아이들 간식을 챙겨 주고, 방과후수업이나 학원에 시간 맞춰 보내고, 하교 상황도 체크합니다. 담임 선생님만큼이나 아이를 긴 시간 동안 돌봐주시는 분이니 관계와 소통을 위해 엄마, 아빠도 함께 노력해 주세요.

돌봄 교실 엿보기

돌봄 교실 안에는 1, 2학년 아이들이 모여 있고, 아이들 각자 방과 후 일정이 다릅니다. 돌봄 교실에 있는 동안 숙제를 하거나 각자 가지고 온 학습지를 풀기도 하는데, 선생님 혼자 아이들을 모두 밀착하여 돌봐 주기란 불가능합니다. 가능하면 많은 아이가 좋아할 만한 메뉴를 골라 간식을 주문하는 것도 선생님의 업무입니다.

우당탕 돌봄 교실

다양한 아이들이 한 교실에 모이다 보니 의도치 않은 다툼도 자주 일어납니다. 안 그러던 아이들도 돌봄 교실 2년 차가 되면 1학년 동생들에게 싫은 소리를 하거나 자기 마음대로 행동하며 동생들과 선생님을 힘들게 하기도 하죠. 시행 초기만 해도 가정의 손길이 부족한 아이들이 모여 분위기가 좋지 않고, 나쁜 것을 배우고 거칠어진다는 이야기도 많았답니다. 이제는 그런 어려움이 하나하나 개선되어 어느 정도 정착된 상태입니다.

그럼에도 최고의 대안, 돌봄 교실

모두에게 최선의 선택일 수는 없겠지만, 돌봄 교실이 아주 훌륭한 제도인 것은 틀림없습니다. 물론 지금도 아이들은 여전히 싸우고, 맘에 안 드는 간식이 나오는 날엔 허기지기도 합니다. 다른 학년이나 반 친구와 싸우고 나면 얼굴 모르는 부모들끼리 사과 전화를 주고받아야 하는 어려움도 여전합니다. 하지만 가정의 상황과 아이의 특성에 맞게 잘 활용한다면 아이도 편안하게 학교에 적응할 수 있고, 아빠, 엄마도 아이 걱정 없이 직장 일에 집중할 수 있을 거예요.

방과후학교
활용하기

　방과후학교는 1분기(3, 4, 5월), 2분기(6, 7, 8월), 3분기(9, 10, 11월), 4분기(12, 1, 2월)로 나누어 운영됩니다. 분기마다 한 번씩 신청을 받고, 한 분기인 3개월 치의 수강료와 재료비를 한번에 내야 합니다.

　아이의 흥미도가 떨어지거나 예상했던 수업이 아니라서 중간에 그만두거나 전학, 질병 등의 이유로 계속할 수 없으면 남은 기간만큼 환불받을 수 있습니다. 이 또한 방과후수업의 매력 중 하나이지요.

　방과후학교 선생님은 어떤 분들인가요?

　학교에서는 매년 방과후학교 강사를 공개 채용합니다. 1차로 서류 전형을 통해 면접 대상자를 선발하는데, 서류 전형의 기준이 엄격히 정해져 있답니다.

수업 과목과 관련 있는 전공을 했는지, 관련 자격증이 있는지 꼼꼼히 살피지요. 다른 초등학교에서 방과후수업을 진행했던 경력이 있는지, 현재 수업하는 학교가 있는지도 중요한 심사 요소입니다.

다양한 과목, 골라 듣는 재미

방과후학교의 강좌는 그 어떤 학원보다 개설 과목이 다양합니다. 학교에 개설된 강좌의 종류를 홈페이지로 미리 알아보면 아이의 방과 후 스케줄을 잡는 데 도움이 됩니다. 강좌 중에는 고학년만을 위한 과목도 있으니 해당 학년을 미리 확인해야 합니다.

대부분의 학교에서 운영 중인 과목들은 다음과 같습니다.

방과후학교 강좌 예시

컴퓨터, 미술, 바둑, 과학(실험, 생명, 로봇, 항공, 창의), 영어, 중국어, 주산, 클레이, 운동(축구, 배드민턴, 인라인, 농구), 악기(바이올린, 플루트, 우쿨렐레, 첼로, 오카리나)

1, 2학년이 함께 수업해요

방과후학교에서는 1, 2학년이 함께 수업을 들어요. 수업 시수와 하교 시간이 같은 1, 2학년은 거의 모든 학교 일정을 같이 하는 편입니다. 방과후학교의 수업도 마찬가지입니다. 그래서 개별적이고 아이 수준에 딱 맞는 수업을 원한다면 다소 실망할 수 있다는 점을 고려해서 선택해야 합니다.

2학년들과 함께 수업 듣는 것이 걱정스러워 방과후학교 수업을 부담스러워하는 1학년 부모님도 계시지만 단점보다 장점이 많습니다. 그만큼 자유롭기도 하고, 형, 누나 어깨 너머로 보고 배우는 것도 적지 않기 때문이죠. 부모 마음에는 아이 수준에 딱 맞춤인 개별 수업 혹은 그룹 수업이 더 좋아 보이겠지만 적어도 초등 저학년 시기에는 여러 형태의 수업을 경험해 보는 것이 약이 됩니다.

방과후학교 활용법 관련 영상 바로가기

은경쌤이 추천하는
슬기로운 초등 습관

습관 1. 예의 바르게 인사하는 습관

선생님들의 수다는 아이들에 관한 것으로 시작하고 끝납니다. 매일 만나고 마주치는 우리 반, 옆 반, 다른 학년의 유명한 말썽꾸러기, 놀랄 만한 똑똑이들 이야기로 수다가 끝없이 이어지죠. 여러 선생님이 입 모아 칭찬의 맞장구를 칠 때는 그 아이의 인사하는 태도 덕분인 경우가 많습니다.

제가 2학년 담임을 맡았을 때, 쉬는 시간이면 복도를 질주하느라 정신없는 와중에도 꼬박꼬박 배꼽 인사를 하던 태현이가 생각납니다. 리더십도 있고 인기도 있어 그 아이가 인사하면 옆에서 함께 뛰던 아이들이 덩달아 인사를 했지요. 그 아이의 인사를 받으면 기분이 좋았습니다. 어쩜 저리 예의 바르고 사랑스러운지 자꾸 눈길이 가더라고요. 그런데 그 아이 뒤에는 딱 그런 엄마가 계셨더라고요. 엄마를 뵙고 나자 그 아이에 대한 궁금증이 한 번에 풀렸습니다. 학교 봉사를 많이 하셔서 오가며 자주 만났는데, 늘 나이도 한참 어린 제게 배꼽 인사를 하시더라고요. 아무리 바빠도 가던 걸음을 멈추고 인사를 하시던 모습이 지금도 눈에 선하답니다.

물론 귀찮음과 부끄러움을 무릅쓰고 인사했는데, 선생님께서 그걸 못 보고 지나치는 때도 있습니다. 용기 내어 인사했는데 반응이 없으면 당연히 서운하지요. 그래도 꿋꿋하게 인사하는 습관을 지켜가는 건 상대가 아닌 아이 본인을 위한 것이라는 점을 아이에게 잘 설명해 주세요.

습관 2. 정리 정돈하는 습관

서랍, 사물함, 책상 위, 필통 속까지 초등학교 1학년의 교실은 정리하는 방법을 가르치고 배우느라 4교시 수업도 짧습니다. 책가방, 실내화 가방, 두꺼운 외투, 우산까지 스스로 챙겨야 하지요. 필통이 없어졌다며 울상을 지어 출동해 보면 책가방 맨 밑바닥이나 공책 사이에서 발견됩니다. 무언가가 자꾸 안 보이고, 서랍에 뒀는지 사물함에 뒀는지 책가방에 있는지 찾아 헤매지 않게 하나씩 찬찬히 준비하게 해 주세요.

교실 속 정리되지 않은 아이의 서랍과 사물함과 책가방은 수시로 아이를 당황하게 만듭니다. "어디 있지?" 하며 사물함을 왔다 갔다 하고, 서랍 안을 뒤지느라 아예 바닥에 주저앉기도 합니다. 물건의 자리를 정확하게 지키는 습관이 되어 있지 않으니 좀 찾아보다가 쉽게 찾지 못하면 여기저기 빌리러 다니고 선생님

에게 준비물이 안 보인다고 이실직고도 합니다. 수업 시작하기
가 참 어렵습니다.

교실 뒤편 사물함도 그렇습니다. 똑같은 사물함을 쓰지만, 문
을 열어 보면 주인의 성격이 고스란히 드러나지요. 사물함과 책
상 서랍 속을 부모가 확인할 방법은 없지만, 마냥 불안해하지도,
무관심하지도 말고 집에서 비슷한 일을 경험하게 해 주세요. 집
에 있는 책상과 책장을 정리해 보라고 하고 지켜보면, 학교에서
어떤 모습일지 대략 짐작할 수 있으니까요.

아이가 자라면서 아빠, 엄마는 더 많은 여유와 시간과 체력을
갖게 되는데, 그 여유를 아이의 일을 대신하는 데 사용하지 않았
으면 합니다. 그 시작이 초등학교 입학입니다. 언제까지 아이의
연필을 깎아주고, 지우개에 이름을 써 줄 수 있을까요. 이건 결
국 아이의 일입니다. 교실에서 자기 물건을 정리하는 일이 아이
에게 너무 힘들고 괴로운 미션이 되지 않게 해 주세요.

습관 3. 또박또박 말하는 습관

1학년들은 다양한 이유로 눈물을 보입니다. 발표하기 두려워서,
친구가 소리를 지르면 놀라서, 선생님의 야단에 눈물이 뚝뚝 떨
어집니다. 아이가 평소에 눈물이 많다면 담임 선생님께 확인해
볼 필요가 있어요. 학교에서 울었다는 것까지 전달되지 않기 때
문에 아이가 울고 왔는데도 부모님이 모르는 경우도 많거든요.

"엄마, 물!"

집에서 흔히 들을 수 있는 아이의 언어지요. 아무런 문제가 없
어 보입니다. 그런데 문장을 끝맺지 않는 습관이 있으면 자신감

없고 버릇없는 아이로 비칠 수 있어요.

물론 타고난 성향이 사교적이면서 말하기를 좋아하고 선생님과 친해지길 원하는 아이들은 쉬는 시간만 되면 선생님 곁을 떠나질 않고 이런저런 이야기들을 늘어놓습니다. 이런 아이들은 전체 중 절반도 안 되는 게 현실입니다. 그나마도 여자 아이들인 경우가 많고요.

수줍음이 워낙 많거나, 긴 단어와 문장으로 자기표현을 해 본 적이 없는 아이의 대답은 어쩔 수 없이 단답형입니다. 우리 아이가 그럴 가능성을 조금씩 비친다면 집에서 일부러라도 긴 문장을 끝까지 말하는 연습을 함께 해 보세요.

습관 4. 글씨를 정성껏 쓰는 습관

컴퓨터와 태블릿 PC를 이용한 교과 활동이 확대된다고 해서 책과 공책을 사용하고 일기를 쓰는 일들이 없어지지는 않습니다. 오히려 글씨를 쓸 일이 점점 줄어들고 악필이 늘어나면서 멋진 글씨체를 가진 사람들이 조명을 받습니다. 글씨 잘 쓰는 사람이 줄어드는 시대에 어렵지 않게 예쁜 글씨를 척척 써 내는 사람은 귀한 무기를 하나 더 가진 거라 생각해도 무리가 없습니다. 글씨가 예쁘면 좋지만 못생겨도 상관없습니다. 중요한 건 또박또박 쓰는 습관입니다.

하지만 원래 글씨체가 반듯하게 잡힌 아이라도 대충 쓰는 습관을 이기기 힘듭니다. 대충 쓰는 버릇이 든 아이는 맘 잡고 잘 쓰려고 하면 땀이 뻘뻘 나고 손이 아픕니다. 글씨체를 신경 쓰느라 쓸 내용을 떠올리는 것까지는 엄두가 나질 않습니다.

학년이 올라가면 글씨가 나아질 거라 기대해 보지만 그 이상 나아지기 어려운 게 교실 속 초등 아이들의 평범한 모습입니다. 더구나 고학년이 되어 샤프를 사용하면 글씨체는 더 망가집니다. 중·고등학교에 가면 평가지에 깨알같이 적어 내는 수행평가를 봅니다. 대학 입시에서 논술 시험의 비중은 갈수록 높아집니다. 좋은 내용도 엉망인 글씨로 적혀 있으면 깊이 생각하지 않고 대충 적어 낸 듯한 느낌을 주게 됩니다.

정말 급한 경우가 아니라면 엄마, 아빠도 아이들 앞에서 애써 천천히 또박또박 글씨 쓰는 습관을 들이세요. 아이는 그 모습을 흉내 냅니다. 그게 부모가 줄 수 있는 선물입니다. 획순을 어기고 쓰는 게 편할 때도 많지만 아이 앞에서는 애써 획순을 지켜 주세요. 귀신같이 보고 따라 하거든요. 잘못된 건 얼마나 잘 따라 하는지 기가 막힐 때가 많잖아요.

천천히 쓰게 하기, 잘 쓴 글씨 표시하고 칭찬해 주기, 시중에 나온 글씨 쓰기 책을 활용하는 등 여러 방법으로 연습하되 절대 조급하게 생각하지 마세요. 욕심내고 서두르는 만큼 쉽게 교정되지 않거든요. 빨리 쓰는 습관 하나만 고쳐도 좋겠다는 마음으로 차근차근 만들어 가세요.

습관 5. 바른 자세를 유지하는 습관

1학년의 학교생활은 40분 동안 같은 자세로 버티기에서 시작합니다. 결코 쉬운 일이 아닙니다. 불과 얼마 전까지만 해도 길어야 30분 정도를 의자에 앉아 이야기 나누면 칭찬받던 유치원생들이었거든요. 그런데 책가방을 메고 학교에 갔더니 교실에는 딱딱한 의자뿐이네요. 엄마들도 방석 없이 앉으면 10분도 안 되어 들썩거리게 되는 바로 그 의자 맞습니다.

아이들은 그 의자에서 바른 자세를 꼿꼿하게 유지하며 40분씩 4교시, 5교시 수업을 매일 들어야 합니다. 사실 1학년들은 수업을 듣는다기보다 견딘다는 게 더 정확한 표현일 거예요. 입학해서 한동안 아이들의 마음은 신이 났는데 몸이 힘든 건 의자 탓입니다. 자세 잡기가 중요한 이유가 바로 여기에 있어요. 입학 전에 꼭 해야 할 연습이 '40분 동안 엉덩이 붙이고 앉아 있기'인 이유이기도 합니다.

또한, 구부정한 허리와 등만큼이나 문제가 되는 것이 거북목입니다. 스마트폰 사용 시간이 늘어난 탓도 큽니다. 교실에서도 유난히 목만 쭉 빼고 앉아 책을 보는 아이들이 점점 많아집니다. 자각하기가 힘들어 거북목이 되는 줄 모르다가 갑작스럽게 통증을 호소한 후에 치료를 받아야 하는 상황이 오는 거죠. 컴퓨터 사용 시간이 긴 회사원들의 질환인 줄 알았는데 거북목 교정을 위해 정형외과의 물리치료, 한의원의 침 치료를 받는 초등학생들이 늘어나고 있다고 하네요. 이 부분도 신경 써 주시기 바랍니다.

습관 6. 스마트폰 사용 습관

아이에 관한 모든 것을 선생님을 통해 주고받았던 유치원, 어린이집과는 다르게 학교를 다닐 때는 아이에게 직접 전해 듣고, 아이를 통해 선생님에게 연락합니다. 물론, 학교에서 갑자기 다쳤거나 많이 아프거나 하는 등 긴급한 상황에는 담임 선생님이나 보건 선생님과 직접 연락하게 되지만요.

초등학교 입학을 앞두고 아이에게 휴대전화를 사 주어야 하는지 고민스러울 텐데, 부모님과 아이의 상황에 따라 휴대전화가 필요할지 아닐지가 달라지기 때문에 각 가정의 상황을 충분히 고려하여 결정을 내리는 것이 좋습니다.

다만, 되도록 1학년 친구들에게 스마트폰은 추천하지 않습니다. 키즈폰과 폴더폰은 전화, 문자 사용 등에 초점이 맞추어져 있지만 화면을 위주로 사용하는 스마트폰은 교통사고의 위험에 노출되어 매우 위험할 수 있거든요. 물론 부모님 두 분이 모두 직장에 다니시며 퇴근이 늦은 편인데 아이를 전담하여 돌봐주시는 분이 안 계실 경우, 그래서 아이가 스스로 방과 후 스케줄을 소화하고 집에 돌아가 부모님의 퇴근을 기다려야 한다면 언제나 연락이 닿을 수 있도록 휴대전화가 꼭 필요합니다.

하지만 그게 꼭 스마트폰일 필요는 없습니다. 1학년에게는 2G폰과 키즈폰도 괜찮은 선택입니다. 하지만 입학을 앞둔 아이는 스마트폰을 갖고 싶다고 졸라댈 거예요. 그때에도 스마트폰이 꼭 필요한지 여러 번 고민하고 대화해 보기를 권합니다. 스마트폰 중독이 어른들만의 이야기가 아니거든요. 오후 시간 학교 건물 안에 들어가 보면 운동장 구석이든 조회대, 스탠드, 복도, 계단 할 것 없이 삼삼오오 모여 앉아 고개를 숙인 아이들을 볼 수 있습니다. 수업을 마치고 집으로 출발하기 전까지 10분 남짓한 시간에 모여 앉아 게임에 빠지는 거죠.

또, 게임만이 문제가 아니에요. 스마트폰을 가진 친구들끼리 카톡 방을 만들어서 대화를 주고받아요. 부모는 불안해합니다.

우리 아이만 스마트폰이 없어서, 카톡을 못해서 대화에 끼지 못하면 안될 텐데 하고요. 불안한 부모 마음을 아는지 아이는 더 졸라댑니다. 카톡 내용을 나만 모르고 나만 따돌림을 당한다고 부모를 협박합니다. 하지만 카톡을 하지 않는다고 해서 아이가 따돌림을 당하는 건 아니에요.

아이에게 스마트폰을 사 주었다면 귀찮더라도 철저하게 관리해야 합니다. 스마트폰과 게임에 중독되지 않도록 지도해야 하죠. 스마트폰에 중독된 학생들은 우울감을 잘 느끼고, 일상생활 중 다른 일에 집중하지 못하는 성향이 있다는 연구 결과가 있어요. 어른의 철저한 관리 없이 그저 말 몇 마디로 아이가 알아서 할 거라 생각하지 마세요.

아이들 재우고 잠시 스마트폰 쳐다본다는 것이 한두 시간을 훌쩍 넘긴 경험, 모두 있을 거예요. 어른도 힘든 것을 아이 스스로 절제할 거라 기대하지 마세요. 스마트폰의 사용 시간을 정하고, 집에 오면 스마트폰을 두는 장소를 정하여, 모든 프로그램에는 비밀번호를 설정하지 않고 언제든 부모님이 볼 수 있도록 약속하세요. 아이의 사생활을 존중해 주기에 아직 아이는 어리고 분별력이 떨어지거든요. 사생활은 아이가 좀 더 크고 나서 지켜줘도 늦지 않아요.

스마트폰 사용 기준 관련 영상 바로가기

(꿀팁)

우리 아이,
혹시 스마트폰 중독일까요?

보기: 1점 - 전혀 그렇지 않다 / 2점 - 그렇지 않다 / 3점 - 그렇다 / 4점 - 매우 그렇다

| 1 | 스마트폰 이용에 대한 부모의 지도를 잘 따른다. |
| | ○ 전혀 그렇지 않다　　○ 그렇지 않다　　○ 그렇다　　○ 매우 그렇다 |

| 2 | 정해진 이용 시간에 맞춰 스마트폰 이용을 잘 마무리한다. |
| | ○ 전혀 그렇지 않다　　○ 그렇지 않다　　○ 그렇다　　○ 매우 그렇다 |

| 3 | 이용 중인 스마트폰을 빼앗지 않아도 스스로 그만둔다. |
| | ○ 전혀 그렇지 않다　　○ 그렇지 않다　　○ 그렇다　　○ 매우 그렇다 |

| 4 | 항상 스마트폰을 가지고 놀고 싶어 한다. |
| | ○ 전혀 그렇지 않다　　○ 그렇지 않다　　○ 그렇다　　○ 매우 그렇다 |

| 5 | 다른 어떤 것보다 스마트폰을 갖고 노는 것을 좋아한다. |
| | ○ 전혀 그렇지 않다　　○ 그렇지 않다　　○ 그렇다　　○ 매우 그렇다 |

| 6 | 하루에도 수시로 스마트폰을 이용하려 한다. |
| | ○ 전혀 그렇지 않다　　○ 그렇지 않다　　○ 그렇다　　○ 매우 그렇다 |

| 7 | 스마트폰 이용 때문에 아이와 자주 싸운다. |
| | ○ 전혀 그렇지 않다　　○ 그렇지 않다　　○ 그렇다　　○ 매우 그렇다 |

| 8 | 스마트폰을 하느라 다른 놀이나 학습에 지장이 있다. |
| | ○ 전혀 그렇지 않다　　○ 그렇지 않다　　○ 그렇다　　○ 매우 그렇다 |

| 9 | 스마트폰 이용으로 인해 시력이나 자세가 안 좋아진다. |
| | ○ 전혀 그렇지 않다　　○ 그렇지 않다　　○ 그렇다　　○ 매우 그렇다 |

스마트쉼센터 과의존 진단 바로가기

꿀팁. 우리 아이, 혹시 스마트폰 중독일까요?

3. 담임 선생님과 관계 맺기

초등학교 선생님은
어떤 분일까?

전국의 교육대학교를 졸업하고 2급 정교사 자격을 갖춘 경우에만 초등교사로 발령받을 수 있습니다. 물론, 선생님께서 해당 지역의 교대 출신이 아닐 수 있습니다. 그러나 전국의 초등교사는 비슷한 수준의 대학 입시 성적으로 비슷한 대학 교육과정을 거쳐, 교사로 임용되었다는 공통점이 있습니다.

1학년 담임 선생님은 어떤 분들인가요?

도시일수록 여자 선생님, 고경력 선생님의 비중이 높은 편이고, 외곽 지역일수록 남자 선생님, 저경력 선생님의 비중이 높습니다. 그러나 지역마다 당연히 편차가 있습니다.

또, 1학년이라면 고학년에 비해 고경력인 여자 담임 선생님을 만나게 될 확률이 높습니다. 워낙 학급 운영 강도가 높고, 학부모 관심이 높은 학년이다 보니, 전체 학년을 놓고 보면 선호도는 낮은 편입니다. 상대적으로 선호도가 높은 학년은 2, 3학년이고요.

초등학교 선생님이 딱딱하게 느껴지는 이유

초등학교 선생님은 유치원 선생님에 비해 다소 딱딱하고 사무적으로 느껴질 수 있습니다. 아이가 학교에 다녀온 후 "우리 선생님은 무섭다."라는 말을 하는 경우도 종종 있고요. 또, 부모님도 학교의 불친절과 일방적인 소통 방식에 놀라는 일도 생기고요.

유치원에 비해 불친절한 학교에 당황하며 불만이 생기는 건 당연합니다. 하지만 서른 명 가까이 되는 반 전체 아이들을 집중시켜서 수업을 끌어가고, 안전사고가 나지 않도록 훈육하기 위해서는 친절하고 착하기만 한 선생님이 최선이 아닐 수 있음을 이해해 주세요. 그리고 그런 부분이 우리 아이가 안정적이고 일관된 분위기에서 교실 생활을 해 나가는 바탕이 된다는 점도 기억해 주세요.

담임 선생님께 어디까지
오픈해야 할까?

예비 소집일에 받은 여러 유인물 중에는 '기초 조사서'가 들어 있답니다. 아이에 관한 기본 정보를 파악하기 위해 1학년부터 시작해서 매년 조사하지요. 기초 조사서는 아이의 1년 학교생활을 위한 가장 소중한 종이로 여겨 주세요. 아이를 아끼고 걱정하는 마음만큼 정성스럽게 작성해서 보내 주시면 좋아요.

담임 선생님에게 기초 조사서란?

담임 선생님은 학부모가 적어 보낸 '기초 조사서'를 1년 내내 보물처럼 아낍니다. 아이가 지각해도, 친구들끼리 싸워도, 상담 기간에 아이의 부모님을 뵙기 전에도 읽어 봅니다. 꼭 기억하고 따로 메모해야 할 내용을 찾아 정독합니다.

건강과 관련된 부분은 밑줄도 긋습니다. 음식 알레르기나 천식, 난시 등 아이를 배려하고 주의해야 할 부분을 놓치지 않기 위해 따로 메모해 두고 기억하기 위해 노력합니다. 1년이 끝나고 교실을 비울 때가 되어서야 비로소 폐기할 만큼 1년 내내 자주 펼쳐 보는 소중한 서류랍니다.

얼마나 자세하게 적어야 할까요?

기초 조사서를 앞에 두면 고민이 많아질 거예요. 얼마나 어디까지 자세히 적어야 할지, 아이를 칭찬해야 할지, 부족한 점을 그대로 써도 될지에 관한 부모 내면의 갈등이 일어나는 거죠.

기본 원칙은 '애써 꾸밀 필요가 없다.'는 거예요. 솔직하게 쓰되 아이의 장점과 단점이 골고루 들어가면 좋습니다. 무엇보다 중요한 건, 선생님께서 알고 계셔야 우리 아이를 도와주실 수 있을 내용이 빠지지 않아야 해요. 이런 것까지 적을 필요가 있을까 고민된다면, 적으세요.

어떤 느낌으로 써야 할까요?

다음 두 문장은 똑같은 내용을 담고 있습니다.

1. 아이가 천식이 있어 줄넘기할 때 힘듭니다. 시키지 마세요.
2. 아이가 천식이 있어 어릴 때부터 고생했어요. 갑자기 숨이 차면 힘들어하고 위험해질 수 있어서 줄넘기나 달리기를 할 때는 조금만 하고 쉴 수 있게 배려 부탁드릴게요. 힘들어하면서도 자꾸만 더 하려고 욕심내다가 위험해지기도 하거든요. 자제할 수 있도록 선생님께서 잘 지도해 주시길 부탁드립니다. 만약에 아이가 많이 힘들어하면 바로 연락 주세요.

'아' 다르고 '어' 다르다는 말이 와닿으시죠? 기초 조사서에 적힌 자세하고 특별한 부탁이 아이를 배려하고 교실 생활을 돕는 데에 도움이 되는 건 분명합니다.

이런 특징은 꼭 적어 주세요

- 편식이 심해서 급식 시간을 힘들어할 수 있다.
- 특정 음식, 물질 등에 급성 알레르기가 있어 주의가 필요하다.
- 외국에서 몇 년간 살다 왔기 때문에 언어가 서툴고, 행동이 독특하다.
- 유치원에서 단체 생활을 유독 힘들어했다.
- 말이 늦은 편이다.

- 대소변 실수를 할 수도 있다.(최근에도 한 적이 있었다.)
- 학교에 관한 두려움과 거부감이 심한 편이다.
- ADHD, 틱 장애 등의 치료를 위해 상담을 받거나 약물을 복용하고 있다.
- 맞벌이로 인해 조부모님께서 거의 돌봐주시는 편이다.

장점만 쓰는 게 유리할까요?

기초 조사서를 한 장씩 읽다 보면 아이의 장점만 수북이 써 있는 경우도 많습니다. 그걸 읽으면서 아이가 정말 완벽할 거라 예상하는 선생님은 없습니다. 세상에 그런 아이가 어디 있겠어요. 부모가 어렵게 고백한 아이에 관한 걱정이 담임 선생님께는 도전이 됩니다. 모두가 걱정스러운 눈길로 아이를 바라보지만 보란 듯이 잘 지도하여 우리 반 교실에서 즐겁게 생활하는 모습을 보여 주고 싶은 욕심은 교사라면 누구나 갖는 마음이랍니다. 그러니 아이의 아직 부족한 면, 부모로서 걱정스러운 점도 솔직하게 털어놓아 보세요.

부모가 숨기면, 숨길 수 있을까요

아이의 밝고 긍정적인 면보다는 부정적이고 걱정스러운 면을 솔직하게 털어놓기가 더 어렵지요. 이 때문에 주저하는 부모님이 많습니다. 담임 선생님이 아이를 색안경 끼고 바라볼까 숨기고 싶어 하는 마음도 있겠죠. 그런데 부모가 숨긴다고 숨길 수 있을까요? 담임 선생님은 매일 아이와 다섯 시간 넘게 한 공간 안에서 생활하고, 아이의 특성을 파악하는 데에 있어 그 누구보다 전문가입니다. 부모가 숨긴다고 해서 끝까지 모를 선생님은 없습니다.

담임 선생님 상담 관련 영상 바로가기

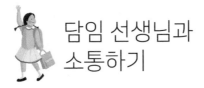

담임 선생님과
소통하기

3월이 되면 학교는 활기로 가득합니다. 새로운 학교생활에 신이 난 아이들의 목소리도 높아지지만, 부모도 담임 선생님도 서로를 탐색하고 좋은 관계를 맺어가고 싶은 중요한 시기지요. 담임 선생님과 하는 부드러운 소통은 아이의 서툴고 낯선 학교생활에 큰 힘이 되어 줍니다.

담임 선생님이 안내한 방식을 따라 주세요

학교마다, 학급마다 학부모 소통 방식은 차이가 있습니다. 공지 사항 안내를 위한 애플리케이션의 메시지, 채팅 기능을 활용하기도 하고, 담임 선생님의 휴대전화 번호를 공개하는 학급도 있습니다.

교실로 전화를 걸어 바로 담임 선생님과 통화할 수 있는 학교가 있는가 하면 모든 전화가 교무실을 통하는 학교도 있습니다. 핵심은 우리 학교의 담임 선생님께서 안내한 소통 방식을 따르는 것입니다.

담임 선생님의 방식을 한동안 따르면서 너무 불편하고 힘든 점이 많았다면 학교에 정식으로 의견을 내는 것은 언제든 가능하거든요.

교실 속 선생님의 상황을 이해해 주세요

초등학교 1학년 교실은 아침 8시경부터 아이들로 복작대고, 아이들의 하교가 끝난 오후에는 수업 준비, 공문 처리, 연수 참석, 회의 참석 등으로 선생님은 하루 종일 전쟁 같은 하루를 보냅니다. 다투거나 다친 아이가 있던 날은 부모님께 전화를 드려야 하고, 개별 상담이 필요한 부모님께서 학교에 방문하시기도 하지요.

또, 학교 일정에 따라 교육청 같은 곳으로 외부 출장이 있는 날은 수업을 마치자마자 정신없이 뛰어나가야 하는 때도 있습니다. 바로바로 소통하기 어렵고 응답이 늦는 선생님의 상황에 대한 이해를 부탁드려 봅니다. 담임 선생님의 주 업무는 수업이기에 학부모 소통에 관해서는 언제나 학부모의 이해와 배려가 필요하답니다.

선생님도 긍정적인 관계에서 힘을 얻어요

선생님이 모든 면에서 완벽하게 할 수 없다는 것을 잘 알지만, 소중한 내 아이가 달린 문제이다 보니 기대했던 만큼 실망할 일도 생기게 마련입니다.

담임 선생님에게 불평이 없을 수는 없습니다. 하지만 아이 앞에서는 참으세요. 부모의 불만을 아이가 눈치채지 못하게 하세요. 담임 선생님에 관한 부정적인 내용을 부모에게 들은 아이는 자연스레 선생님을 부정적으로 인식하고, 그런 선생님의 말씀을 따르기 어렵습니다. 수업 시간에 집중력이 떨어지고, 선생님의 가르침과 교실의 규칙을 무시하는 천방지축이 될 수 있어요.

학기 초에는 경쟁하듯 서로 담임 선생님과의 관계를 위해 노력하다가 아니다 싶으면 돌아서서 험담하는 학부모로 인해 현장 선생님들이 깊이 상처받는 경우도 많답니다. 선생님도 학부모와 맺는 긍정적인 관계에서 힘을 얻는 사람이라는 점을 기억해 주세요.

성급한 평가를 참아야 하는 이유

아이의 학교생활에 문제가 생겼을 때 어디 한번 해 보자고 학교에 가서 조목조목 따진 후에는 뭐가 남을까요? "전학 가면 그만." 혹은 "담임 교체해 달라고 해야겠다."라는 부모의 단

골 멘트가 있습니다. 하지만 우리는 민원인이기 이전에 부모라는 점을 기억해야 합니다. 내 결정이 아이에게 미칠 영향을 생각해서 행동해야 합니다.

적어도 함께 보내는 시간 동안에는 선생님을 응원해 주세요. 그 힘으로 선생님은 우리 반 아이들을 더욱 사랑하고 안아 줄 수 있습니다. 교사도 칭찬과 격려와 위로가 필요한 직장인이라는 사실을 이해해 주세요. 그것이 그 누구보다 내 아이를 위한 길이기도 하답니다.

아이에게 선생님에 관해 말할 때

"너희 선생님은 참 따뜻하고 밝고 열심히 노력하시는 분인 것 같아."라는 식의 담임 선생님에 관한 긍정적인 면을 표현하세요. 그래야 아이가 바로 큽니다. 선생님 말씀을 지키려고 노력합니다. 힘들어도 수업 시간에 한 번이라도 더 집중합니다. 지금 아이는 하루가 다르게 자아가 쑥쑥 성장해 가는 중요한 시기입니다. 아이들 마음속에 항상 '선생님 말씀은 법'이라는 무거운 원칙이 있어야 합니다.

뒷담화보다 해결을 위해 노력하기

담임 선생님의 자질에 치명적이고 심각한 문제가 있는 경우라고 판단되면 학교나 교육청에 정식으로 민원을 제기하여 문제를 해결해야 합니다. 뒷담화로 끝내선 안 됩니다. 담임 선생님께 건의했는데도 시정되지 않고, 여전히 해결되지 못한 그 부분 때문에 아이도 학부모도 고통받는다면 학교에 정식으로 건의하세요. 교무실을 통해 교감 선생님과 통화하는 것이 가장 일반적이고 빠르고 확실한 방법입니다.

감사를 표현하고 싶다면

감사는 선물로만 표현하는 게 아니에요. 촌지가 든 봉투로만 내 아이의 학교생활을 안심할 수 있는 게 아니에요. 제 경우 스승의 날에 받은 가장 기분 좋은 선물은 아이와 엄마의 손편지였습니다.

5월이면 학년 초라서 아직 선생님과 학부모의 유대 관계가 깊이 쌓이지도 않고, 감사할 만한 특별한 일도 없을 때지요. 그래도 좋습니다. 지난해 담임 선생님께 편지를 써 보는 것도 매우 추천할 만한 방법이고요.

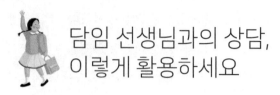

담임 선생님과의 상담, 이렇게 활용하세요

담임 선생님 입장에서 아이를 칭찬할 이야기가 많고, 아이도 학교생활을 즐거워하며, 부모와 안면까지 있는 사이라면 담임 선생님도 상담 시간이 부담 없고 편안합니다.

반면에 그렇지 않은 아이의 학부모가 올 시간이 되면 긴장됩니다. 학교에서 칭찬받을 만한 일이 별로 없었고 꾸중을 자주 들은 아이라면 학부모도 담임 선생님에게 그다지 호의를 느끼지 않는 경우가 대부분이기 때문입니다.

훈훈한 이야기만 오가면 얼마나 좋을까요

상담 전에 혹시라도 안 좋은 내용으로 담임 선생님과 전화 통화를 한 적이 있다면 상담 시간을 기다리는 동안 긴장할 수밖에 없습니다. 아마 선생님도 마찬가지일 거예요. 아이의 바른 성장과 학교생활을 위해 부모님이 꼭 알아야 할 부분인데 그 말을 꺼내기가 쉽지 않을 수 있거든요. 담임 선생님도 피할 수 있다면 피하고 싶겠지요. 결코 가벼운 마음으로 아이의 부족한 부분에 대해 말을 꺼내는 게 아니라는 걸 부모님도 알았으면 좋겠어요.

전화 상담 활용하기

부모님은 우리 아이가 상담이 꼭 필요한 아이인지 아닌지를 정확하게 판단할 수 없어서 상담 주간이 다가오면 망설여집니다. 그렇다면 전화 상담을 이용하세요. 아이가 학교생활을 잘하고 있는 건지 아닌지는 전화 상담만으로도 충분히 알 수 있습니다.

또, 직장에 다녀 시간을 빼기 어려운 경우도 전화 상담을 신청하면 됩니다. 혹 집에 있으면서 전화로 상담하면 무관심해 보일까 봐 망설이는 부모님들도 계신데, 전혀 그럴 필요는 없습니다.

전화 상담은 버려지는 시간 없이 전화로 용건만 정확하게 상담할 수 있기 때문에 담임 선생님 입장에서도 환영하는 방법입니다.

수시 상담 활용하기

반드시 정해진 기간에 상담을 신청할 필요는 없어요. 필요하면 1년 내내 언제든지 상담이 가능합니다. 수업을 마치고 나면 담임 선생님은 대부분 교실에 남아 퇴근 시간까지 업무를 합니다. 하지만 교사 회의나 출장 등으로 자리를 비울 수도 있으니 전화든 방문이든 미리 약속을 잡아야 합니다. 급한 일이 있을 때는 어쩔 수 없지만 퇴근 시간이 지났다면 다음 날로 통화를 미루는 게 좋습니다.

아빠도 참여할 수 있어요

가능하다면 아빠가 동행하시거나 아빠만 상담에 참여해도 괜찮습니다. 남들 눈에 너무 극성스러워 보일까 봐 망설이는데, 그러면 어떻습니까. 우리 아이를 1년간 가르쳐 줄 선생님이 어떤 분인지 궁금한 건 아빠라고 결코 덜하지 않거든요.

상담 후에는 엄마와 아빠가 함께 아이에 관해 대화 나눌 수 있으니 함께 교육관을 잡아가기에 더없이 좋은 기회랍니다. 물론, 아빠 혼자 참여하셔도 전혀 이상하지 않은 분위기이기도 하고요.

상담 주간 담임 선생님의 일주일

상담 주간이 되면 담임 선생님들은 분주해집니다. 상담 사이사이 밀린 업무들까지 기한 내에 처리해야 하고, 수업 준비도 평소처럼 해야 하거든요. 그래서 상담 주간이 끝난 주말이면 담임 선생님들은 너도나도 몸살을 앓기도 한답니다. 상담에 갔는데 다소 피곤해 보이는 선생님을 마주했다면 이런 속사정이 있음을 이해해 주고, "고생이 많으시죠?"라고 짧게라도 격려를 해 주면 많은 힘이 될 거예요.

학부모를 위한 김영란법 궁금증

어떤 '선생님'들이 법 적용 대상인가요?

초등학교와 중학교, 고등학교, 유치원 교사, 기간제 교사가 해당
됩니다. 교사뿐만 아니라 이 학교와 직접 계약 관계를 맺고 있는
'영양사 선생님'도 포함됩니다.

방과 후 과정 교사(강사)도 적용 대상인가요?

방과 후 과정 담당자는 교직원이 아니라 위임·위탁(용역) 계약
의 상대방에 해당되므로 법 적용 대상에 해당하지 않습니다. 산
학 협력 교사에게도 적용되지 않습니다.

어린이집 교사도 법 적용 대상인가요?

국공립, 사립을 불문하고 모든 어린이집 교사가 법 적용 대상입

니다. 당초 사립 어린이집의 경우 각 급 교육법상 '교원'에 포함되지 않는 것으로 알려져 국공립 어린이집 교사와의 형평성 문제가 불거지기도 했습니다. 하지만 사립 어린이집이 정부의 '누리과정'(만 3~5세 유아 대상 공통 교육·보육 과정) 업무를 정부로부터 위탁받은 것으로 판단해 법 적용 대상에 최종 포함됩니다.

담임 선생님 책상에 선물을 놓고 오면 불법인가요?

이 행위도 불법입니다. 단, 교사가 받았다는 사실을 인지한 뒤 지체 없이 반환·인도하고 신고하면 처벌 대상에서 제외됩니다. 학부모는 선물을 돌려받았더라도 물품 가액의 2~5배에 해당하는 과태료 처분을 받게 됩니다.

담임 선생님께 "이번 학기 끝나면 보답하겠습니다."라고 이야기할 수 있나요?

금지된 금품 등을 수수하는 것뿐만 아니라 요구하고 제공하기로 한 약속도 하지 못하도록 규정하고 있습니다. 약속에 따라 교사가 청탁을 받고 이행하는 경우는 형사처벌 대상이 됩니다.

스승의 날을 맞아 담임 선생님한테 5만 원 미만의 기프티콘을 전송할 경우에도 처벌을 받나요?

상품권뿐만 아니라 모바일 상품권도 불법입니다. 각종 SNS 기업들은 김영란법 시대를 맞아 '선물 거절' 기능도 제공해 선물 받은 사람이 바로 거절할 수 있습니다.

학교 현장체험학습에서 고생하는 선생님들에게 김밥, 음료 등의
간식을 제공해도 되나요?

당연시되던 일이지만 김영란법 시대에는 위법입니다. 학부모
가 교사에게 제공하는 식사, 선물은 특별한 사정이 없는 이상 사
교·의례 같은 목적을 벗어나므로 허용되지 않습니다.

선생님들에게는 식사·선물·경조사비 기준 가액 3·5·10만 원이 적
용되지 않나요?

원활한 직무 수행 범위에서만 예외적으로 인정되는 것이지, 절
대적 기준이 아닙니다. 현재 자신의 자녀를 맡은 교사와 학부모
의 관계는 직무와 관련된 사이로 보기 때문에 3·5·10 조항이
적용되지 않습니다.

지난해에 담임 선생님께 스승의 날 선물을 제공했다면?

지난해 담임 교사의 경우 특별한 사정이 없는 한 직무 관련성이
인정되지 않기 때문에 선물을 주고받을 수 있습니다.

같은 반 학부모 10명이 담임 선생님의 원활한 직무 수행을 목적으
로 식사를 했는데 110만 원이 나왔다면(1인당 10만 원) 이때 학부모
10명이 각각 11만 원씩 결제한 경우도 불법인가요?

2인 이상이 가담해 위반행위의 실현에 기여한 경우 가담자 각자
가 위반행위를 한 것으로, 학부모는 교사에게 제공한 금액인 10
만 원의 2~5배 과태료 처분을 받게 됩니다.

Chapter 2

슬기로운 초등공부

1. 초등학교 교육과정

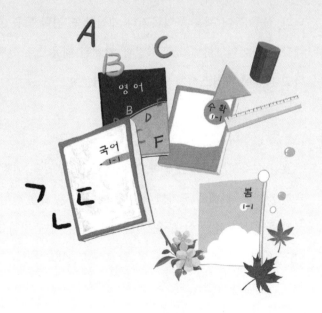

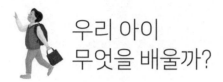

우리 아이
무엇을 배울까?

1학년 한 해 동안 아이가 학교에서 어떤 내용을 배우고 공부할지 알아두면, 아이에게 시기적절하게 도움을 줄 수 있답니다. 예를 들어 책을 구입하거나 체험학습, 견학 등을 계획할 때도 이왕이면 1학년 교육과정과 연계된 내용으로 선택하면 학교 학습에 자연스럽게 영향을 미치거든요.

초등 교육과정

초등 교육과정이란 초등학교에서 6년간 '무엇을, 어떻게 가르칠 것인가'에 대해 국가가 기준을 정해 놓은 틀을 말합니다. 국가에서 제시하는 이 틀을 기본으로 하여 매년 지역교육청별, 단위학교별로 각 지역 특성, 학교 규모, 학교 특색 사업 등을 반영한 학교 교육과정을 작성하여 운영합니다. 그에 따라 만들어진 학년별, 학급별 교육과정은 1년 수업의 바탕이 되고요.

1학년 교육과정 운영

- 수업 일수: 연간 190일 이상
- 수업 시간: 연간 860~890시간 정도 운영
- 교육과정: 교과와 창의적 체험활동으로 나눕니다. 수업 일수와 수업 시간은 학교장 재량에 따라 학교별로 작은 차이가 있을 수 있습니다.

1학년 교과목

1학년 교과목은 크게 국어, 수학, 통합교과 세 가지입니다. 국어와 수학은 익숙한 과목이지만 통합교과가 좀 낯설게 느껴지실 거예요. '통합교과'라고 통칭하는 이 과목은 부모님 세대가 초등 시기에 '바른 생활', '즐거운 생활', '슬기로운 생활'이라는 교과서로 공부했던 내용을 통합하여 새롭게 구성한 교과서입니다. 교과서의 이름은 '봄', '여름', '가을', '겨울'입니다.

1학년 창의적 체험활동

교과와 직·간접적으로 연계된 다양한 체험활동으로 구성

되어 있으며, 줄여서 흔히 '창체'라고 부릅니다. 친구들은 이 시간을 '공부를 하지 않는 재미있는 시간'으로 느끼기 때문에 체육 시간과 더불어 손꼽아 기다렸다가 즐겁게 적극적으로 참여한답니다.

창의적 체험활동은 자율·자치 활동, 동아리 활동, 진로 활동으로 구성되며 다양한 체험을 중심으로 운영됩니다.

정규 과목으로 분류하지는 않으나 학기별로 일정 시간 이상 이수 의무가 있으며 과목, 과정에 따라 교과서를 지급하는 경우도 있습니다.

1학년의 경우 '안전한 생활'이라는 과목을 이수하고, 학년이 올라가면서 정보화 교육, 성 교육, 통일 교육, 독도 교육, 교통 안전 교육, 보건 교육, 약물 오남용 교육, 흡연 예방 교육, 진로 교육 등 다양한 프로그램으로 운영됩니다.

1학년 교과서 보관하기

초등학생들은 교과서를 사물함에 두고 다니는 경우가 대부분입니다. 집에 갖고 다니다 보면 학교에 교과서를 깜빡 잊고 챙겨 오지 않아 수업에 지장을 주기도 하고, 책들이 무거운 편이기 때문에 가능하면 사물함에 두고 다니는 것을 권장하고 있지요.

교과서가 필요한 숙제가 있는 경우, 예를 들면 수학 익힘책을 풀어오는 숙제, 교과서에 나온 준비물을 참고해야 할 경우 정도만 교과서를 챙겨 하교합니다.

교과서 추가 구입 방법

교과서를 학교에 두고 다니면 아이는 편리하지만 학교에서 무얼 배우는지, 학교 진도를 잘 따라가는지 궁금하고 걱정될 때 확인하기 어렵다는 아쉬움이 있습니다.

수업 진도를 확인하고 부족한 학습에 도움을 주고 싶다면 온라인 또는 판매서점을 통해 교과서를 개별적으로 구입하여 가정에서 사용하는 것도 좋은 방법입니다. 특히 수학 과목에서 활용하면 유용합니다. 수학 익힘책을 여분으로 한 권 더 구입해 두었다가 복습하는 용도로 사용하면 좋습니다.

초등학교 과목별 교과서

학년군	교과서 종류	권수
1·2학년군	국어: 국어 가·나, 국어활동 수학: 수학, 수학 익힘 통합교과: 봄, 여름(1학기), 가을, 겨울(2학기) 창체: 안전한 생활	10권
3·4학년군	국어: 국어 가·나, 국어활동 수학: 수학, 수학 익힘 사회: 사회, 지역 교과서 과학: 과학, 실험관찰 도덕, 영어, 음악, 미술, 체육	15권

5·6학년군	국어: 국어 가·나, 국어활동 수학: 수학, 수학 익힘 사회: 사회, 사회과부도 과학: 과학, 실험관찰 도덕, 영어, 음악, 미술, 체육, 실과	15권

초등 교과서 구매처 바로가기

디지털 교과서

검인정 교과서의 내용을 PDF로 내려받아 사용할 수 있는 시스템이 갖춰져 있습니다. 에듀넷 사이트에 회원으로 무료 가입하면 전 학년의 교과서를 파일로 다운받을 수 있습니다. 종이 교과서 속 사진, 영상을 재생하는 것도 가능하고요.

디지털 교과서 바로가기

교사별 평가

개정된 초등 교육과정에서는 평가 방법, 시기, 문항 등을 담임 선생님이 학급별로 계획하고 운영합니다. 물론 기본적인 초등 교육과정, 교과서 진도 이수 등의 사항에는 변함이 없지만 반별로 다르게 시도했던 활동, 교과서 내용을 바탕으로 한 학급별 특색 활동에 관한 평가가 학급별로 이루어지는 것이 제도의 핵심입니다.

선행 학습을 했거나 사교육으로 평가를 준비하는 아이보다 수업에 충실하고 활동에 적극적으로 참여한 아이가 더 좋은 결과를 얻는 구조이지요. 1학년 때는 과목의 특성상 직접 그리고, 꾸미고, 실천하는 활동을 평가하는 내용이 많다는 특징이 있습니다.

• 국어 1학년 1학기 1단원

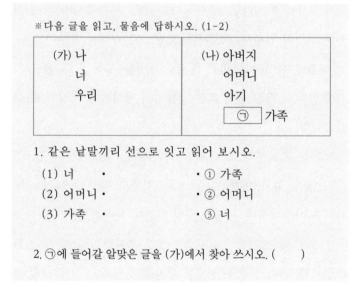

※다음 글을 읽고, 물음에 답하시오. (1-2)

(가) 나 너 우리	(나) 아버지 어머니 아기 　ㄱ　 가족

1. 같은 낱말끼리 선으로 잇고 읽어 보시오.
   (1) 너　　·　　　·① 가족
   (2) 어머니·　　　·② 어머니
   (3) 가족　·　　　·③ 너

2. ㉠에 들어갈 알맞은 글을 (가)에서 찾아 쓰시오. (　　　)

> 1. 시후는 빵을 5개 가지고 있고 수민이는 시후보다 하나 더 많이 가지고 있습니다. 수민이는 빵을 몇 개 가지고 있습니까?
>
> ① 3개   ② 4개   ③ 5개   ④ 6개   ⑤ 7개
>
> 2. 다음 수 중 가장 작은 수에 ◯표 하시오.
>
> | 1 | 3 | 9 | 0 | 8 |
> |---|---|---|---|---|

수행평가

알고 있는 내용을 시험지에 적어 내어 평가받는 것이 지필평가(교사별 평가)라면, 수행평가는 수업 시간에 참여하여 활동한 것들에 관한 평가입니다. 모둠별로 과제를 수행하고, 수업 시간에 참여하고, 바른 태도로 경청하는 것 등 그 과목 시간에 아이가 직접 했던 모든 것들이 수행평가의 대상이 될 수 있습니다.

평가는 포트폴리오, 관찰법, 자기평가, 상호평가, 구술, 서술·논술형 평가, 실험·실습, 토론, 선택형 평가 등 다양한 방법으로 이루어집니다. 평소 수업 시간에 적극적으로 참여하고 바른 수업 태도를 보인 친구들이 좋은 결과를 받을 수 있는 원리입니다. 아이가 평소 선생님 말씀을 경청하고 기본 생활 습

관이 잘 잡혀 있으며 수업 시간에 무리없이 참여하는 편이라면 수행평가 결과는 크게 걱정하지 않아도 괜찮습니다.

생활통지표

방학식 날에는 처음으로 '생활통지표'를 받아 옵니다. 통지표 양식은 학교마다 다르지만 담임 선생님은 아이의 학습 성취 결과를 부모님께 최대한 자세하게 전달하기 위해 아이의 평소 수업 참여도, 수행평가 결과, 지필 평가 결과 등을 종합하여 통지표를 작성합니다.

평가 결과는 일반적으로 '매우 잘함-잘함-보통-노력 요함'의 4단계로 구분합니다. 이와 더불어 종합적인 수행 정도에 관한 담임 선생님의 의견, 즉 '학기말 종합의견'이 담긴 생활통지표를 학기마다 받을 거예요.

평가 활용법

초등학교의 평가에서 좋은 성적을 받는 것이 아이 인생과 부모 인생의 최종 목표는 분명히 아닙니다. 하지만 열심히 노력한 대가로 받은 훌륭한 시험 성적은 사랑하는 자녀에게 말할 수 없는 큰 성취감과 자신감을 가져다줄 것입니다. 우리 친구들이 자신 있게, 씩씩하게, 또 행복하게 생활할 수 있도록 평가를 두려워하거나 지나치게 스트레스 받지 않게 도와주세요.

채점이 끝나고 나면 지필 평가 시험지를 가정에서 확인할 수 있는데, 아이가 어떤 부분을 어려워하고 어떤 실수를 자주 하는지 함께 짚어 보는 시간을 갖도록 합니다.

• 예시) 2023학년도 1학년 1반 1학기 교사별 평가 계획

(출처: 경기도 교육청 소속 초등학교)

1. 교과 평가

※ 평가기준(4단계): 매우 잘함, 잘함, 보통, 노력 요함

과목	단원	평가 영역	성취기준	평가요소	평가 방법	시 기
국어	5. 다정하게 인사해요	듣기 · 말하기	[2국01-01] 상황에 어울리는 인사말을 주고받는다.	역할극을 통해 상황에 어울리는 인사말을 주고받기	구술평가 정의적 능력평가	6월
	6. 받침이 있는 글자	읽기	[2국02-01] 글자, 낱말, 문장을 소리 내어 읽는다.	가로세로 낱말 퀴즈(말놀이)를 풀고 받침이 있는 글자를 읽기	구술평가	6월
		문학	[2국05-03] 여러 가지 말놀이를 통해 말의 재미를 느낀다.			
	8. 소리 내어 또박또박 읽어요	쓰기	[2국03-02] 자신의 생각을 문장으로 표현한다.	주어진 상황에 대해 알맞은 문장 부호를 사용하여 자신의 생각을 문장으로 쓰기	실기평가	7월
		문법	[2국04-03] 문장에 따라 알맞은 문장 부호를 사용한다.			
수학	2. 여러 가지 모양	도형	[2수02-01] 교실 및 생활 주변에서 여러 가지 물건을 관찰하여 직육면체, 원기둥, 구의 모양을 찾고, 그것들을 이용하여 여러 가지 모양을 만들 수 있다.	교실 및 생활 주변에 있는 사물들을 관찰하여 직육면체, 원기둥, 구의 모양을 찾고 각 기준에 맞게 사물들을 분류하기	실기평가	4월
		자료와 가능성	[2수05-01] 교실 및 생활 주변에 있는 사물들을 정해진 기준 또는 자신이 정한 기준으로 분류하여 개수를 세어 보고, 기준에 따른 결과를 말할 수 있다.			

	3. 덧셈과 뺄셈	수와 연산	[2수01-05] 덧셈과 뺄셈이 이루어지는 실생활 상황을 통하여 덧셈과 뺄셈의 의미를 이해한다.	덧셈과 뺄셈을 활용하여 주어진 그림의 상황을 식으로 표현하기	실기평가	6월
	4. 비교하기	측정	[2수03-01] 구체물의 길이, 들이, 무게, 넓이를 비교하여 각각 '길다, 짧다', '많다, 적다', '무겁다, 가볍다', '넓다, 좁다' 등을 구별하여 말할 수 있다.	주어진 구체물들의 길이, 들이, 무게, 넓이를 비교하고 알맞은 표현을 사용하여 설명하기	구술평가 실기평가	6월
바른 생활	2. 도란도란 봄 동산	봄	[2바02-02] 봄에 볼 수 있는 동식물을 소중히 여기고 보살핀다.	강낭콩을 심고 소중히 여기고 기르기	포트폴리오 협력적 문제해결 평가	4월
	2. 여름나라	여름	[2바04-01] 여름철의 에너지 절약 수칙을 알고 습관화한다.	에너지 절약 수칙을 이해하고 한 주간 실천하기	체크리스트	6월
슬기로운 생활	1. 학교에 가면	봄	[2슬01-02] 여러 친구의 다양한 특성을 이해하고 친구와 잘 지내는 방법을 알아본다.	약속나무를 만들며 친구와 잘 지내는 방법을 하나 골라 실천할 것을 다짐하기	실기평가	4월
	2. 여름나라	여름	[2슬04-01] 여름 날씨의 특징과 주변의 생활 모습을 관련짓는다.	여름 날씨의 특징을 이해하고 어울리는 생활 모습을 그림으로 나타내기	실기평가	6월
즐거운 생활	2. 도란도란 봄 동산	봄	[2즐02-03] 봄에 볼 수 있는 동식물을 다양하게 표현한다.	봄에 볼 수 있는 동식물을 담은 병풍 책자 만들기	관찰 및 작품, 동료평가	4월
	1. 우리는 가족입니다.	여름	[2즐03-01] 가족 구성원이 하는 역할을 고려하여 고마운 마음을 작품으로 표현한다.	가족에게 고마운 마음을 담아 감사 편지 만들기	실기평가	6월

2. 창의적 체험활동 평가

영역	활동	성취기준	평가요소	평가방법	시기
자율·자치	행사활동	학교폭력예방 등 다양한 행사활동에 적극 참여하고 실천하는 마음을 갖는다.	다양한 행사활동에 적극 참여하고 실천하기	실기 실습	5월
	창의적 특색	'행복한 30분 독서' 등 다양한 학급 특색활동에 적극적으로 참여한다	학급공동체 활동에 적극 참여하기	실기 실습	6월
동아리	통통통 신나는 무용	놀이를 통해 신체움직임을 탐색하고 이해할 수 있다. 움직임 표현을 하면서 타인과 의사소통을 실천한다.	신체 움직임을 탐색하고 이해하기 움직임을 통해 의사소통하기	동료평가 체크리스트	7월
진로	자기이해 활동	인적성검사를 통해 나의 장점, 좋아하는 것을 찾을 수 있다.	자신을 긍정적으로 이해하고, 다양한 꿈 탐색활동 하기	실기실습 자기평가	3월

초등학교의 평가 대비법

꿀팁

첫째, 수업 시간에 적극적으로 참여하기

담임 선생님이 수업 시간에 강조했던 내용에 집중하지 못하면, 교과서에 나온 내용을 평가받거나 시험에 대비한 공부를 열심히 하더라도 만족스러운 결과를 얻기 어렵습니다. 성적이 뛰어나고, 선행 학습이 되어 있거나, 또래보다 수준이 높은 편인 친구들은 수업에 대한 집중도가 떨어지기도 합니다.

둘째, 예습보다는 복습

예습도 훌륭한 학습이지만, 학교 수업뿐만 아니라 각종 학원 수업, 사교육, 방과후활동 등으로 시간에 쫓길 수밖에 없는 아이가 예습과 복습, 두 가지 토끼를 잡기란 어렵습니다. 둘 중 한 가지만 꾸준히 하기로 마음먹었다면 복습을 추천합니다. 교과서를 다시 짚어 보는 습관은 중, 고등까지 이어지는 최고의 평가 준비입니다.

셋째, 담임 선생님 존경하기

담임 선생님을 존경하지 않는 상태에서 듣는 수업은 만족할 만한 집중력과 효율을 가져오기 어렵습니다. 이를 위해서는 부모님의 지혜와 센스가 필요합니다. 마음속으로 담임 선생님에게 불만이 있을 수 있고, 또 불평을 할 수도 있습니다. 그렇지만 그런 느낌을 자녀가 눈치채지 못하도록 아이 앞에서는 항상 담임 선생님의 권위를 인정하고 존경하는 마음을 가져야 합니다.

국어

국어, 수학 등의 본격적인 교과 수업은 입학 한 달 후인 4월에 시작합니다. 3월 한 달 동안은 학교별로 지정한 입학 초기 교재를 활용해 학교 적응에 필요한 다양한 내용을 배우고 익힙니다.

1학년 국어 교육과정

초등 6년 내내 가장 많은 수업 시수를 차지하는 과목이 국어입니다. 초등학교 국어 수업은 대학 입시까지 긴 여정을 함께할 탄탄한 문해력을 쌓는 시간입니다.

1학년 국어 교육과정에서는 한글 교육의 비중이 높아져서 입학 후 2개월 정도를 한글 해득에 집중하도록 차시가 구성되어 있답니다. 따라서 한글에 익숙하지 않은 아이도 당장 큰 어려움 없이 적응할 수 있습니다. 한글을 편안하게 읽을 수 있는 아이라면 이 기간 동안 능숙하게 읽고, 충분히 쓰는 연습을 할 수 있습니다.

1학년 1학기 국어 교과서

현재 1학년 국어는 국정 교과서를 활용하고 있어, 전국 모든 학교에서 같은 책으로 공부합니다.

1학년 1학기의 국어 교과서는 모두 세 권입니다. 1학기 국어 〈가〉, 국어 〈나〉와 국어 활동 교과서입니다. '국어 활동' 교과서는 말 그대로 국어 시간에 배운 내용을 바탕으로 읽기, 쓰기, 말하기, 듣기 등의 다양한 활동을 해볼 수 있게 구성된 부교재입니다. 교실에서 국어 활동까지 빠짐없이 다루기엔 시간이 부족한 편이라 선생님들이 융통성 있게 활용합니다.

1학년 1학기 국어 교과서 목차

1학년 1학기 〈가〉		1학년 1학기 〈나〉	
1단원	바른 자세로 읽고 쓰기	6단원	받침이 있는 글자
2단원	재미있게 ㄱㄴㄷ	7단원	생각을 나타내요
3단원	다 함께 아야어여	8단원	소리 내어 또박또박 읽어요
4단원	글자를 만들어요	9단원	그림일기를 써요
5단원	다정하게 인사해요		

국어 교과서 속 한글

2024년부터 초등 1, 2학년에 적용되는 2022 개정 교육과정에서는 초기 한글 교육의 시수를 대폭 확대하여 입학 후 한글을 습득할 시간적 여유를 가지도록 운영하고 있습니다. 한글을 몰라도 입학 후 학교에서 배우고 익히면 가능하다는 것이지요.

하지만 현실은 좀 다릅니다. 현재 입학하는 1학년 친구들의 80퍼센트 이상이 기초적인 한글 읽기, 쓰기가 가능한 상태입니다. 한 반에서 한글을 모르고 입학하는 친구들이 서너 명밖에 되지 않죠. 안타깝게도, 아이들이 대부분 한글을 읽고 쓰는데 우리 아이만 그렇지 못하면 자신감을 잃게 될까 걱정하여 미리 준비시킬 수밖에 없는 게 현실이지요.

한글 읽기

기본적으로는 아이가 자기 이름을 자신 있게 읽고 쓸 수 있도록 해 주세요. 아이가 발달이나 생일이 늦어 학습 면에서 느린 편이라 하더라도 자기 이름을 읽고 쓰는 정도는 반복 훈련으로 충분히 가능합니다.

주변에 보이는 한글을 천천히 읽는 수준으로 준비하면 더욱 좋습니다. 한글을 읽고 이해하지 않으면 교실에서 만나는 많은 안내문, 교과서 같은 것들이 당장 어렵고 당황스럽고 힘들기 때문이랍니다.

한글 읽기가 아직 힘든 아이라면 '선생님', '교실', '화장실', '보건실' 등 교내 주요 장소의 이름을 통글자로 눈에 익혀 입학하는 것이 도움이 됩니다.

한글 쓰기

한글 쓰기는 읽기보다 시간 여유가 있습니다. 입학 후 적응이 끝나면 천천히 시작해도 늦지 않습니다. 처음부터 받아쓰기나 베껴 쓰기를 잘하는 아이들은 많지 않습니다.

반복해서 연습하는 동안 시간이 지나면서 누구나 잘 적응하고 점차 잘 쓰니, 걱정하기보다는 여유를 가지고 기다려 주세요. 어느 순간 우리 아이도 크게 두려움 없이 술술 쓸 수 있게 될 거예요. 이를 위해 입학 전에 선 긋기와 색칠하기로 필력을 기르고, 따라 쓰기와 보고 쓰기 등을 연습하길 추천합니다.

받아쓰기

맞춤법과 띄어쓰기 훈련을 위한 받아쓰기 시험은 저학년 필수 시험으로, 일제고사가 없어진 교실에서 아이의 학습 수준을 가늠해 볼 수 있는 척도입니다. 그래서인지 부모님들의 관심과 걱정이 높습니다.

받아쓰기는 시험 볼 문장이 들어 있는 급수표를 받아 연습한 후 시험을 봅니다. 급수표 그대로 보는 시험인데도 백 점 맞는 게 쉽지 않습니다.

독서량이 충분한 아이들도 자주 쓰지 않는 겹받침이나 이중모음은 헷갈려합니다. 시험 전날 간신히 외우지만 돌아서면 또 잊어버리기 일쑤라 부모의 애를 태우지요. 하지만 1학년의 받아쓰기 성적으로 결정되는 건 아무것도 없답니다. 그러니 늘 아이를 격려하며 도움을 주세요.

맞춤법

처음 글자를 쓰기 시작하는 아이는 소리나는 대로 쓰는 걸 당연하게 느끼기 때문에 맞춤법이 정확할 수 없습니다. 엉망진창이었던 맞춤법은 초등 시기 전체에 걸쳐 교정되다가 성인의 맞춤법으로 완성되어 갑니다.

이번 주 받아쓰기 시험에서 틀린 문제가 없다고 해서 아이의 맞춤법 문제가 해결되는 건 아닙니다. 일기, 독서록처럼 아이의 글을 읽을 기회가 생기면 어려워하는 받침, 자주 틀리거나 헷갈려하는 받침이 무엇인지 관심 있게 살펴보세요.

받아쓰기 급수표 (1학년 1학기)

(1급) 1. 즐거운 마음으로										
1	나		너		우	리				
2	아	버	지		어	머	니			
3	아	기								
4	우	리		가	족					
5	동	물	원							
6	여	우		타	조					
7	토	끼		제	비					
8	친	구		선	생	님				
9	즐	거	운		학	교				
10	우	리	는		하	나				

(2급) 2. 재미있는 낱자										
1	한	글								
2	자	음	자		모	음	자			
3	고	양	이		구	름				
4	그	네		사	자					
5	바	나	나		기	차				
6	나	무		옆	을					
7	노	래	를		부	르	며			
8	숲		속	을						
9	창	문	을		닫	고				
10	커	다	랗	고		컴	컴	한		

일기 쓰기

1학년 일기는 그림일기로 시작됩니다. 국어 시간에 한글 익히기 부분이 끝나고 나면 수업 시간에 그림일기 쓰는 방법을 배워 연습하고 집에서 하는 일기 숙제가 시작됩니다.

아이가 일기를 쓰기 전에 짧게라도 오늘 있었던 일, 그 일에 대한 생각 등을 부모님과 대화로 먼저 표현해 보게 하는 것이 도움이 됩니다.

일기 쓰기의 틀을 잡는 1학년 때는 담임 선생님이 수업 시간에 지도한 후 과제로 내 주기도 하지만, 이후의 학년부터는 담임 재량에 따라 일기 검사가 없기도 합니다. 일기 쓰기는 일상을 기록하는 목적도 있지만 멀리 본다면 글쓰기의 기초를 다지고 꾸준한 글쓰기를 훈련하는 목적이 큽니다.

일기 쓰기 관련 영상 바로가기

알림장 쓰기

1학년은 거의 매일 알림장을 적습니다. 아직 한글 쓰기를 하지 못하는 학년 초에는 선생님이 인쇄해 주신 내용을 붙여 오기도 하고, 클래스 앱을 활용하여 공지를 받기도 합니다. 하지만 한글을 익히고 난 후부터는 선생님께서 보여 주시는 알림장 내용을 아이가 직접 알림장에 옮겨 적는 것으로 한글 쓰기 연습을 합니다. 아이가 열심히 적어온 알림장을 보면, 칭찬을 아끼지 말아 주세요.

엄마표 글쓰기

아이가 따라온다면 일기 외에 다른 종류 글쓰기를 시도해 보는 것도 좋습니다. 빠르면 1, 2학년, 보통은 3학년 정도에 본격적인 글쓰기 연습을 시작하면 좋습니다. 한 줄 쓰기, 두 줄 쓰기, 세 줄 쓰기 등 분량은 적지만 흥미로운 주제로 써 본다면 1학년도 충분히 할 수 있습니다. 1학년부터 다져진 뭐라도 써 보는 습관이 고학년 논술 수업을 위한 준비가 된답니다.

한자 어휘력

한자를 필수로 공부하는 학교가 있고 그렇지 않은 학교도 있습니다. 그런데 영어만큼이나 어느 정도 수준의 한자는 필수로 여기는 분위기 때문에 한자 학습지를 공부하는 아이들도 꽤 많지요. 그렇다고 초등학교 입학 전부터 미리 한자를 준비할 필요는 없어요. 입학한 후에 그 학교에서 한자 인증제가 시행되는지 확인한 후에 천천히 준비해도 괜찮습니다.

아이가 한자에 특별한 관심이 있거나 꾸준히 한자를 공부시
키고 싶다면 학습지나 홈스쿨링으로 공부할 수 있어요. 한자
자격증을 발급하는 단체가 여러 군데 있는데, 아이의 한자 능
력도 점검해 보고 성취하는 기쁨도 느낄 수 있을 거예요.

학교 교

아홉 구

나라 국

군사 군

 수학

초등 수학은 '수와 연산, 도형과 측정, 변화와 관계, 자료와 가능성'의 5개 영역을 6년 동안 배웁니다. 이 영역들이 단계별, 수준별로 학년끼리 나선형으로 연결되어 있지요.

예를 들면 1학년 1학기 수학 과정에서 1부터 10까지 작은 수를 셀 줄 알아야 50까지 큰 수를 셀 수 있고, 구구단을 알아야 곱셈 문제를 해결할 수 있는 것과 같은 원리입니다. 그래서 수학에서는 특히 복습이 중요하고 주요 개념에 공백이 없어야 합니다.

2022 개정 교육과정 초등 수학 교육과정

영역	내용
수와 연산	자연수, 분수, 소수의 개념과 사칙계산(연산)
도형과 측정	평면도형과 입체도형의 개념, 구성요소, 성질과 공간 감각, 시간, 길이, 들이, 무게, 각도, 넓이, 부피의 측정과 어림
변화와 관계	규칙 찾기, 비, 비례식
자료와 가능성	자료의 수집, 분류, 정리, 해석과 사건이 일어날 가능성

1학년 수학 교육과정

학기	단원	내용
1학기	1단원	9까지의 수: 한 자리의 수
	2단원	여러 가지 모양: 도형
	3단원	덧셈과 뺄셈: 가르기, 모으기
	4단원	비교하기: 길이, 들이, 무게, 넓이
	5단원	50까지의 수: 수 세기, 읽기, 쓰기
2학기	1단원	100까지의 수: 두 자리의 수
	2단원	덧셈과 뺄셈(1): 두 자리의 수
	3단원	여러 가지 모양: 평면 도형
	4단원	덧셈과 뺄셈(2): 세 수의 덧셈, 뺄셈
	5단원	시계 보기와 규칙 찾기: 시각 읽기, 규칙 찾기
	6단원	덧셈과 뺄셈(3): 받아올림, 받아내림

수학 교과서

한 학기마다 수학책 한 권과 수학 익힘책을 배웁니다. 수학 익힘책에는 수업 시간에 배운 내용을 한 번 더 익힐 수 있는 문제들이 나오고요.

수학 익힘책은 선생님마다 활용법이 다양해서 수업 시간에 문제를 풀고 채점까지 마치기도 하고 숙제로 내 주기도 하지요. 수학 익힘책의 원래 기획 의도는 가정 학습을 위한 것인데, 현실적으로 매일 집에서 문제를 풀고 채점까지 하기가 쉽지 않아 점점 학교에서 끝내는 분위기입니다.

수 세기

1학년 1학기 수학은 수 세기로 시작합니다. '일, 이, 삼, 사'로 숫자를 세는 것과 '하나, 둘, 셋, 넷'과 같이 다양하게 읽는 방법을 모두 연습해 두면 좋습니다.

수 세기 이후에는 수를 가르고 모으는 것에 관한 개념을 배웁니다. 일상에서 기회가 될 때 사탕, 쿠키, 과일 등 간식으로 수 가르기와 모으기를 시도해 보고 실생활에서 수학적 사고를 자연스럽게 경험할 수 있도록 도와주세요. 여유가 있다면 한 자리 수 더하기를 연습하는 것, 50까지의 숫자를 세어 보는 것도 좋습니다.

연산

예비 초등학생이 수학을 접하는 가장 처음 단계는 연산 교재일 거예요. 반복 훈련으로 속도와 정확도를 높이려는 목적으로 만들어진 교재이지요.

연산 교재는 입학 전부터 급하게 강요하지 않아도 괜찮습니다. 3+5를 더 빨리 시작했다고 해서 이후 수학 실력이 보장되지 않기 때문입니다. 아이가 흥미와 자신감을 보이는 수준과 분량으로, 놀이하듯 수학과 가까워지게 해 주세요.

수학 연산 관련 영상 바로가기

시계 보기

시계 보기는 1학년 2학기에 배우는 과정이지만 아이의 교실 벽에 디지털 시계가 없을 수 있기 때문에 미리 조금씩 준비하는 것도 좋습니다.

먼저 아이와 나누는 대화에 시간을 자꾸 섞는 방법을 추천합니다. 의도하지 않아도 자연스럽게 익숙해지도록 유도하는 것이죠.

"긴 바늘이 7에 가면 35분이야. 35분이 되면 출발하자."

"짧은 바늘이 3에 가고, 긴 바늘이 12에 가면 3시야. 3시가 되면 말해줘. 3시에 간식 먹자."

구구단

구구단 역시 교육과정상에서는 1학년에게 필요하지 않습니다. 하지만 너도나도 빠른 속도를 지향하는 요즘 초등 수학 분위기에서는 1학년이 구구단을 줄줄 외우는 게 이상하지 않아 보입니다.

아이가 관심을 보이고 구구단 외우는 친구들을 부러워한다면 얼마든지 시도해 보세요. 생각처럼 술술 되지 않는다면 내 아이의 수준에서는 아직인 거니 여유롭게 생각하면 되고요. 구구단 먼저 외우는 순서로 수학 성적이 결정되지 않는다는 것만 명심하면 됩니다.

사고력 수학

예비 초등학생들의 사고력 수학 열풍도 낯설지 않은 분위기가 되었습니다. 마치 영어 유치원이 자리 잡기 시작하던 시기의 분위기와 비슷합니다.

사고력 수학은 단순 연산 문제에서 한발 더 나아가 문제를 해결하는 과정에서 깊은 사고력을 요구하는 새로운 형태의 문제를 제시합니다. 유명 학원 강좌도 있지만 궁금하고 불안한 학부모가 아이와 한 장씩 풀어볼 만한 시중 교재도 많습니다. 하지만 역시 명심해야 할 점은 7, 8세 시기의 사고력 수학 수업이 결과적으로 무언가를 확실히 보장하기란 불가능하다는 것입니다. 아이가 수학이라는 과목에 자신감과 흥미를 보이기 시작한 후에 시도해도 늦지 않습니다.

초등 수학 교육 방법 관련 영상 바로가기

선행 학습

초등학교 입학을 앞두고 수학 선행을 고민해야 하는 엄청난 열기가 부담스러울 정도이지만 아주 현실적인 문제이기도 합니다.

선행은 한 학기 정도의 예습과는 좀 다른 개념입니다. 2년 이상 하는 예습처럼 어른의 도움을 받아야만 이해할 수 있을 정도로 진도를 앞서 나가는 것을 의미하죠.

방학 중에 다음 학기 문제집을 미리 풀어 보는 예습은 언제든 환영이지만, 주변에 뒤처지지 않기 위해 일단 시작하고 보는 무리한 선행은 아이가 수학에 자신감과 흥미를 잃게 만들 수 있음을 기억해 주세요.

서술형 문제

서술형 문제는 단순 계산식을 제시하고 답을 요구하는 연산 문제와 대비되는 개념입니다. 서너 줄 이상인 문장으로 이루어진 문제를 읽고 그 문제에서 요구하는 것이 무엇인지를 파악한 후에 식을 쓰고, 답까지 도출해 내는 형식이지요. 1학년 1학기 서술형 문제의 형태는 다음과 같아요.

---

1. 혜리는 연필을 6자루 가지고 있고, 서현이는 혜리보다 2자루 더 가지고 있습니다. 서현이가 가지고 있는 연필은 모두 몇 자루일까요?

식: _____

답: _____ 자루

1학년 아이들은 대부분 서술형 문제를 싫어하고 부담스러워합니다. 아직 줄글로 된 문장을 편안하게 읽지 못하는 수준이기도 하고요. 식을 직접 세워 보는 경험도 부족합니다. 하지만 학교 수학 수업에서 교과서 문제를 통해 경험하고 연습할

테니 아이의 속도에 맞게 천천히 시도해 보세요.

서술형 문제 준비 관련 영상 바로가기

수학 학원

초등 1학년에게 대형 학원은 아직 무리예요. 아이가 아직 수학이라는 과목과 친해지지 않았기 때문이에요. 언젠가는 우리 아이도 정해진 커리큘럼과 압도적인 과제량을 정신없이 따라가야 하는 대형 학원에 가겠지만, 성급한 시작은 추천하지 않습니다.

엄마표 수학이 힘들거나, 맞벌이 때문에 방과 후 오후 시간에 수학 수업을 받게 해 주고 싶다면 동네 공부방, 학습지, 동네 학원의 소규모 수업을 추천합니다. 친절하고 따뜻한 선생님과 한 문제, 한 문제 해결해 나가며 수학적인 사고력을 키워 나가는 시간이 아이에겐 훨씬 유리합니다.

학원 선택 관련 영상 바로가기

통합교과

부모님이 초등학교 시절에 배웠던 '바른 생활', '슬기로운 생활', '즐거운 생활'이라는 과목이 지금 초등학생들이 배우는 '통합교과'라는 과목입니다. 책 네 권으로 배우는데, 교과서 이름은 '봄', '여름', '가을', '겨울' 입니다.

통합교과 교과서

1학기에는 '봄', '여름'을, 2학기에는 '가을', '겨울'을 계절 순서대로 한 권씩 배웁니다. 이 교과서에는 3학년에 새롭게 등장하는 사회, 과학, 도덕, 미술, 체육, 음악, 도덕 같은 과목이 1, 2학년 수준에 맞게 쉽고 다양한 활동 위주로 구성되어 있습니다.

통합교과 교과서 내용 구성

교과서	교과 내용
봄	학교에 가면
	도란도란 봄동산
여름	우리는 가족입니다
	여름 나라
가을	내 이웃 이야기
	현규의 추석
겨울	여기는 우리나라
	우리의 겨울

통합교과 수업 시간 엿보기

통합교과 시간에는 교과서에 제시된 주제를 가지고 관련된 다양한 활동을 합니다.

모둠 친구들과 함께하는 프로젝트 수업을 하기도 하고, 짝 꿍과 함께 발표를 하기도 하죠. 춤을 추거나 그림을 그리고, 노래를 부르기도 합니다. 많은 아이들이 국어, 수학 수업보다 훨씬 재미있고, 쉽다고 느끼는 수업이죠.

국어, 수학 시간에는 교실에서 주로 수업을 했다면, 통합교 과 수업은 운동장, 강당, 다목적실 등으로 이동해서 하는 경우 도 많아 더욱 즐겁고 활동적입니다.

통합교과 공부법

국어, 수학은 학습지도 하고 문제집도 풀지만 통합교과는 어떻게 대비해야 할지 모르겠다는 고민을 듣습니다. 통합교과는 단원평가 형태의 지필 평가도 하지 않거든요. 안 해도 됩니다. 공부하는 과목이 아니거든요. 아주 가끔 교과 관련 내용 중에 만들기 활동을 위한 준비물이 필요하거나 조사 숙제가 있습니다. 그때 준비물을 챙겨 주고 조사 내용을 같이 찾아보는 것으로 충분합니다.

통합교과 평가방식

지필평가는 없지만 수행평가는 있습니다. 수업 시간에 아이의 활동결과, 수업태도, 자기평가, 동료평가 등 다양한 평가 척도를 활용하지요.

통합교과 과목에서는 거의 모든 아이가 통합교과의 수행평가 성취 기준에 도달하고 있습니다. 좋은 성적을 위해 문제집을 따로 풀거나, 교과서를 공부할 필요가 없는 이유랍니다.

영어

초등 영어 교육과정

초등학교 영어 수업은 3학년 때 시작됩니다. 처음에는 인사말과 ABC를 배우지요. 요즘 학원에서 영어로 에세이를 쓰는 아이들이 수업 시간에 앉아 ABC를 따라 하는 모습이 아이러니하기도 합니다.

하지만 이전에 영어를 배운 적이 없다고 하더라도 크게 걱정할 필요는 없습니다. 학교 영어는 기초회화 연습으로 진행되기 때문에 못 따라갈 내용은 아니거든요. 수업 시간에 적극적으로 참여한다면 영어 수행평가에서 충분히 만점을 받을 수 있답니다.

1학년의 다양한 영어 수준

다양한 유치원에서 다양한 교재로 영어를 배워 온 아이들이기에 1학년 아이들의 영어 수준은 천차만별입니다. 일반 유치원을 다닌 아이들도 있고, 영어가 중심이 되는 유치원에 다닌 아이들도 있죠. 또, 자연 친화 활동이 중심인 유치원을 다닌 아이들도 있습니다.

초등학교 입학 초기에는 어떤 유치원 출신이냐에 따라 영어 실력의 편차가 크기 때문에 무리하게라도 영어 유치원을 보내고 싶어 하죠. 하지만 영어 유치원 덕분에 실력이 앞서가는 건 길어야 초등 정도까지입니다. 어디에서 출발하든 1학년의 영어는 실력 경쟁이 아닌 즐거운 경험이 되어야 합니다. 그래야 12년의 장기 레이스를 지치지 않고 감당해 낼 수 있습니다.

불안감에 시작하는 사교육

유치원에서 이런저런 교재들로 띄엄띄엄 영어를 하던 아이들도 1학년이 되면 본격적으로 영어 공부를 시작하는 분위기입니다. 1학년 때 영어를 하는 이유는 단 하나. 다들 하기 때문이에요. 우리 아이만 안 할 수 없기 때문이죠. 최종 목표가 어디인지도 모르고 시작이 늦으면 불안하니까 시작은 해요. 그래서 영어 때문에 가장 고민하고, 가장 기뻐하고, 가장 속상해하고, 가장 돈을 많이 쓰며 한숨 짓습니다.

아이 영어의 목표 설정하기

영어 사교육이 고민이라면, 먼저 아이에게 영어 사교육을 시키는 목표가 무엇인지 꼭 짚어 보세요. 아이가 나중에 외국 생활을 할 것을 염두에 두고 원어민 수준으로 일상 회화를 하길 원하는 것인지, 고등학교 때 내신 1등급과 수능 영어 만점을 받는 것이 목표인지, 외국 대학이나 고등학교 진학을 대비해 공인 영어 성적이 필요하며 영어 강의를 소화할 수준이 필요한 건지 말이에요. 목표가 어디든 1학년의 영어는 즐거운 경험이 되어야 합니다.

1학년 영어의 핵심

영어 교육에 대한 방향도 소신도 목표도 정보도 없이 학원 상담을 갔다가 뭔가 있어 보이는 분위기와 교재를 보고 덜컥 등록했다가 후회하는 부모님들을 정말 많이 봤습니다. 학원에서 어련히 잘 알아서 해 주겠지, 하고 신경 쓰지 않고 있다가 6개월, 1년이 지나도 실력이 제자리인 아이에게 화를 내기도 하고요.

1학년의 1년 정도는 경험하면서 방황해도 늦지 않습니다. 영어 유치원에서 이미 어느 정도 배운 후 졸업해서 바로 학원으로 연결된 아이들은 1년 동안 또 괄목할 만한 성장을 이루겠지만 이제 본격적으로 시작해 볼까, 하고 마음을 먹었다면 공부의 방향과 목표를 제대로 정해서 조금 천천히 들어가도 늦지 않는 시기가 1학년입니다.

엄마표로도 충분한 1학년의 영어

학원이 아니어도 영어 공부를 할 방법은 다양합니다. 아이의 성향과 가족의 상황을 고려하여 학습지, 과외, 엄마표, 온라인 학습 등 다양한 시도를 해 보세요.

가장 중요한 것은 어떤 방식을 택하든 알아서 하겠거니, 하고 내버려 두어서는 안 된다는 거예요. 일주일에 한 번만이라도 배우는 내용을 확인하고, 아이가 그 내용을 어느 정도 소화하는지 체크해 주세요. 부모인 나 말고는 아이가 얼마나 잘 따라가고 발전하는지 아무도 관심이 없거든요.

영어 듣기 노출

1학년의 영어는 듣기가 중심이 되어야 해요. 영어 흘려듣기를 통해 귀를 트이게 하기 위해서는 많은 시간이 필요하기 때문에 상대적으로 시간이 여유로운 1학년 때 충분히 노출되는 환경을 마련해 주어야 유리합니다.

아이가 좋아하는 영어 영상을 유튜브, 넷플릭스 등을 통해 선정해 두고, 하교 후나 저녁 식사 후처럼 일정한 시간에 매일 시청하도록 해 주세요. 내용을 이해하지 못해 거부한다면, 처음엔 한글 더빙판을 보여 주거나 한글 자막을 넣어 주어도 괜찮습니다.

영어 흘려듣기 관련 영상 바로가기

파닉스

파닉스는 적어도 초등 3학년 전까지 떼는 게 유리하고, 1학년 때도 시도해 보면 좋습니다. 해도 안 되면 2학년 때 다시 시도할 수 있는 여유로운 시기거든요.

시중의 파닉스 교재를 활용해서 부모님과 함께 해 봐도 좋고요. 동네의 소규모 공부방이나 학습지 등을 통해 찬찬히 배워가도 됩니다. 빠른 아이들은 몇 달 만에, 좀 더딘 친구들은 1년 넘게 걸리지만 3학년 정도에는 영어 단어를 더듬더듬 읽을 만한 수준이 되는 것을 목표로 하세요.

영어 파닉스 관련 영상 바로가기

영어 독서

파닉스를 떼고 나면 읽기 훈련을 위해 맞춤형으로 제작된 '리더스북'을 통해 영어 독서를 시작하기를 추천합니다. 영어 그림책도 좋고요. 아이 혼자 읽기 힘들어하면 부모님께서 읽어 주시거나 함께 낭독하는 것도 좋습니다. 초등 시기 내내 영어 독서로 단단한 독해력 쌓기를 시작한다고 생각하면 됩니다. 단계와 과정은 한글 독서와 크게 다르지 않습니다.

영어 독서 공부법 관련 영상 바로가기

영어 글쓰기

초등 고학년 정도에는 영어로 자신의 생각을 쓸 수 있어야 하는데요. 그렇다고 해서 바쁘고 성급하게 1학년에게 영어 글쓰기를 시도하거나 강요할 필요는 전혀 없습니다. 영어 독서의 경험이 충분히 쌓이면서 영어 문장의 구조를 익히고 어휘량이 늘다 보면 3, 4학년 정도에 시도해도 빠른 속도로 실력이 늘어난답니다.

영어 글쓰기 관련 영상 보러가기

영어 학원

돌봄 목적으로 오후 시간에 학원에 보내야만 한다면 영어 학원이 제격입니다. 학원에 머무는 시간 동안 영어에 자연스럽게 노출되는 환경을 만드는 거죠. 영어 실력은 노출량에 비례하기 때문이기도 합니다. 대형 학원보다는 소규모 학원, 공부방, 방과후학교 수업을 추천하고요. 파닉스를 뗀 상태라면 영어도서관 프로그램도 1학년에게 추천하고 싶습니다.

영어 학원 선택 기준 관련 영상 바로가기

3. 독서와 예체능

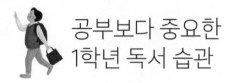

공부보다 중요한
1학년 독서 습관

초등학교 첫 1년, 가장 중요한 습관은 독서입니다. 잘 잡힌 독서 습관은 이후 공부 습관, 문해력, 수업 집중력, 자기 주도적인 공부 전반에 영향을 미치며 학교생활의 결정적인 키워드가 되어 주기 때문이랍니다.

책 읽어 주기

아이가 글자를 몰라 알려 주기 위해서가 아니고, 새로운 지식을 아이 머릿속에 넣어 주기 위함도 아닙니다. 새롭지도 신기하지도 않은 옛이야기를 펼쳐 놓고 함께 읽는 그 시간을 아이는 기뻐합니다. 부모가 아니면 안 되는 그 시간을 통해 무엇과도 바꿀 수 없는 사랑과 정서적인 안정감을 줄 수도 있어 매우 중요한 일이지요.

정성껏 읽지 말고 꾸준히만 읽어 주세요. 세 권이 힘들면 한 권만 읽으세요. 하지만 꼭 읽어 주세요. 시간도 딱 5분만 쓰겠다고 생각하세요. 익숙해지면 10분, 15분도 그렇게 힘들게 느껴지지 않을 거예요.

책 읽어 주기 관련 영상 바로가기

책 읽어 주는 유튜브 채널

라인프렌즈 키즈	엄마의인형동화
호호샘의 잠자리 동화	동화여행
달님책방	잘자샘

언제까지 읽어 줘야 할까?

많은 부모님들이 아이가 읽기 독립을 하면 기다렸다는 듯이 책 읽어 주기를 멈춥니다. 멈추면 안 됩니다. 아빠, 엄마가 책을 읽어 주는 것은 아이가 책에 빠져들게 하는 가장 빠르고 확실한 방법입니다. 네, 저도 압니다. 두세 권만 읽어 줘도 목이 아프지요? 또 2, 3학년 정도가 되면 글도 많아져서 다 읽어 주는 것이 여간 힘이 드는 것이 아닙니다. 그렇지만 아이가 싫다고 거부하기 전까지는 일주일에 하루, 어쩌다 한 번이라도 좋으니 읽어 주기를 지속하세요.

학습만화만 읽는 아이

읽기 독립을 시작한 아이가 가장 먼저 붙잡는 책은 학습만화일 경우가 높습니다. 『WHY』 시리즈, 『살아남기』 시리즈, 『만화 천자문』 시리즈 등 학습만화의 종류와 범위가 점점 방대해지고 있어요.

처음에 한두 권 사 주기 시작하던 엄마들도 아이가 그 책만 잡으면 꿈쩍 않고 책에 열중하니 기특한 마음에 아예 전집으로 들여 줍니다.

문제는 6학년이 되어도 학습만화를 킥킥거리면서 보는 아이들이 많아요. 그 아이들에게 책을 가지고 와서 읽으라고 했더니 온몸을 비틀며 지루해하네요. 이 아이들은 글로 된 재미있는 책을 읽은 일이 없었던 거예요. 만화책만 봐도 적당히 칭찬받아 왔을 거예요. 만화책에서 글로 된 책으로 가기 위한 과정에 부모님의 역할이 필요한 시점이 있답니다.

학습만화만 읽으면 안 되는 이유

학습만화 자체가 나쁜 건 아니에요. 유익한 배경지식으로 가득 차 있기 때문에 학습만화에서 익힌 내용을 줄줄 읊어대는 아이를 보며 깜짝 놀라기도 합니다.

문제는 만화 형식에 지나치게 길들여지면 글로 된 책을 읽는 자체를 힘들어할 수밖에 없다는 거예요. 독서력은 길러지지 않는 거지요. 문장 속에 담긴 뜻을 이해하고 해석하려고 궁리하는 과정을 보내야 아이는 똑똑해지거든요. 단편적인 지식을 묶어서 재미있게 설명해 놓은 책만으로는 아이의 사고력이 어느 수준 이상 성장하기 어렵지요.

읽기 독립을 위한 학습만화 활용법

수많은 학습만화 중에 아이가 유난히 흥미를 느끼는 분야가 있다면 그것을 글로 풀어놓은 책을 읽게 해 주세요.

제 큰 아이도 초등학교 때 얻어 온 책 중에서 만화로 된 『15소년 표류기』를 여러 번 읽기에 줄글로 된 책을 구해 줬더니 그 책도 잘 읽었던 경험이 있답니다. 그래서 그와 이야기

전개가 비슷한 『톰 소여의 모험』, 『80일간의 세계 일주』, 『노인과 바다』 같은 책을 사 주었더니 만화책보다 재미있다며 한 권씩 읽기 시작하더라고요. 이런 경험이 쌓이면 언젠가 만화책과 작별할 날이 와도 큰 거부감 없이 이야기책, 소설, 위인전, 역사책을 손에 잡을 수 있을 거예요.

만화책에서 글책으로 넘어가기 관련 영상 바로가기

낭독

1학년에게 낭독을 즐거운 습관으로 만들어 주세요. 교실 속 국어 수업 시간에 낭독해야 할 일이 많은데, 그때 너무 두렵거나 힘들지 않도록 집에서 자주 해 보면 좋습니다. 길어야 5분, 아이가 원하는 쉬운 책으로 가볍게 자주 낭독하는 루틴을 만들어 1학년 한 해 정도는 지속해 주세요.

독서록

책을 읽고 그에 관한 기록을 남기는 일인데 만만치가 않습니다. 독서록은 처음부터 욕심을 내면 얼마 지나지 않아 부담스럽고 하기 싫은 짐처럼 느껴집니다.

쓰기에 익숙하지 않은 데다 책에서 본 내용을 정리한 후 자신의 느낌까지 함께 쓰는 일은 1학년 친구들에게 무리일 수 있습니다. 1학년 독서록의 시작은 그저 읽은 책의 제목을 기록하는 정도면 충분합니다.

아직 학교에서 정식으로 독서록을 배우거나 쓰기 과제가 나오기 전에 아이가 읽은 책의 제목, 읽은 날짜만 간략하게 적어 보는 것으로 시작하세요. 아이가 어느 정도 적응하고 흥미를 보이면 책 제목 옆에 책에서 읽은 문장 중 하나를 골라 적어 보는 것이 다음 단계입니다. 문장의 수를 차츰 늘려 가고 그 문장에 관한 아이의 생각을 간단히 적어 보는 동안 자연스럽게 독서록의 형태를 갖추어 쓰게 된답니다.

독서록 관련 영상 바로가기

예체능

체육(운동)

1학년 때부터 학교에서 대부분 실시하는 줄넘기 급수제 때문에 입학 전 줄넘기 사교육이 필수 코스가 되었습니다. 태권도장에서 줄넘기 수업도 해 주기 때문에 1학년 때는 너도나도 태권도 학원에 다니죠.

체육이나 운동은 단시간의 사교육으로 어느 정도 나아질 수 있지만 그것만이 방법은 아니에요. 아무리 좋은 학원에서 배운다 해도 아이가 연습하지 않으면 나아지지 않습니다. 연습만이 답입니다. 연습하면 됩니다.

음악

'음악'이라는 교과목은 3학년 때 처음으로 개설되지만 1, 2학년 교과 곳곳에 음악과 교육과정이 포함되어 있습니다. 통합교과인 봄, 여름, 가을, 겨울 교과서에 나오는 음악 감상, 노래 부르기, 음악에 맞춰 표현하기 등 음악 관련 활동이 그 것입니다. 그러나 이를 위해 따로 사교육을 받을 필요는 전혀 없을 만큼 평가 난이도는 낮은 편이니 걱정하지 않으셔도 됩니다.

다만, 3학년부터 시작하여 중, 고등 수행평가로 연결되는 음악 과목을 미리 조금씩 준비하고 싶다면 아이의 흥미를 고려하여 피아노, 리코더, 오카리나, 기타, 드럼 등 악기를 경험할 만한 수업을 추천합니다. 1학년 남자 아이들에게 피아노는 아직 무리일 수 있으니 조급한 마음에 강요하지는 마시고요.

예체능

미술

 '미술'이라는 교과목 역시 음악처럼 3학년 때 처음 개설되지만 통합교과에서 다양한 형태의 활동으로 경험을 시작합니다. 역시 적극적인 수업 태도만으로 수행 평가 만점을 받을 수 있을 만큼 평가 기준이 낮은 편이니 점수를 위한 사교육은 큰 의미가 없습니다.

 하지만 초등 시기의 예체능 관련 경험, 사교육 수업 등은 아이가 이후 성장 과정에서 학업 스트레스를 해소하고 자신만의 소중한 취미를 갖도록 길잡이가 되어 주기에 저학년 시기에 방과후학교 등의 부담없는 수업들을 통해 다양한 미술 관련 경험을 가져 보기를 추천합니다. 실제로 중고등 학업 성적이 우수한 아이들 중 대다수가 예체능 관련 취미를 5년 넘게 지속하는 경우가 많다는 점을 눈여겨보세요.

4. 슬기로운 초등생활을 위한

Q & A

전학 갈 때는
어떻게 해야 하나요?

전학이 결정되면 먼저 담임 선생님께 말씀드리세요. 상담을 한 번도 한 적이 없다면 전학을 핑계 삼아 아이의 학교생활에 관한 선생님의 당부도 듣고요.

전학 준비하기

교실에 있는 아이의 짐과 교과서를 빠짐없이 잘 챙기세요. 제가 담임으로 있을 때 전학 가고 나서 택배로 보내 달라고 부탁받은 경우도 있었거든요. 또, 행정실에 들러 우유 급식비, 방과 후 수업료 등을 정산하고, 도서관에서 빌린 책이 있다면 반납해야 하고요. 요즘에는 전산으로 모든 서류가 관리되니, 따로 챙길 서류는 없습니다.

교과서를 챙기세요

혹시나 학기 말이나 학년 말에 전학을 간다면 교과서를 받아서 가야 할지, 가서 받을지 미리 확인해야 합니다. 양쪽에서 다 받아도 안 되지만, 양쪽에서 모두 못 받을 수도 있거든요.

전입 신고 접수증도 꼭 가져가세요. 기본적인 필기도구와 알림장 정도를 챙겨 새로운 학교의 교무실로 가면 그곳에서 안내해 줄 거예요.

외국으로 이민 가는 경우

인정 유학은 부모 중 한 명이 공무상 외국 파견 및 이에 준하는 경우(회사에서 해외에 발령을 내는 경우)에 제한적으로 적용되는 것으로 법적 절차에 따른 유학을 말합니다.

미인정 유학은 인정 유학 사유에 해당하지 않는 경우로써 무단결석으로 처리되어 법적 보장을 받지 못해요. 부모님 직장과 상관없이 네 달간 어학 연수를 간다면 '당해년도 수업 일수의 3분의 1 이상' 결석한 것이 되어 정원 외 관리로 처리가 되고요.

아이가 유학을 다녀와서 다시 학교로 돌아오길 원한다면 떠나기 전에 다녔던 학년으로 배정되는 것이 원칙입니다. 교과목별 이수 인정평가를 치른 후 그 결과에 따라 학년이 배정되지요. 물론 이때도 유학 갔던 곳에서 받아온 학기 이수 증빙 서류가 꼭 필요해요. 일단 유학 가기 전에 학교에 문의하고 결정해야 예상치 못한 불이익을 피할 수 있답니다.

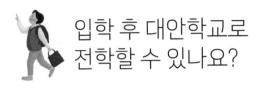

입학 후 대안학교로
전학할 수 있나요?

공립학교에 입학한 아이가 친구들과 자주 싸우고 선생님께 혼나는 일이 잦아지면, 아이를 계속 이 학교에 보내야 하나, 고민하며 사립학교나 대안학교로 전학을 고려하곤 합니다. 이런 사례가 늘어나는 추세인데요. 대안학교는 그 형태가 점점 다양해지고 있어, 일반 공립학교와 비교되는 뚜렷한 장단점이 있습니다.

대안학교를 고민하는 부모
학교마다 차이는 있지만 정기적인 부모 교육에 참여해야 하고, 수업료가 비싸다는 점도 생각해야 해요. 그럼에도 불구하고 대안학교를 알아본다는 건 그만큼 상황이 절박하다는 것이

겠죠.

정해진 틀 안에서 벗어남 없이 생활하는 것을 기본으로 하는 공립학교는 일부 자유로운 영혼의 아이들에게는 감옥 같이 느껴질 수도 있답니다. 또래에 비해 발달이 느린 아이라면 그 고민은 더욱 커집니다.

대안학교의 장단점

대안학교의 장점은 기본적인 지식뿐 아니라 농사 등 생존을 위한 기초적인 자립 기반을 갖출 수 있다는 것이에요. 또, 친구를 많이 사귈 수 있고 혼자서는 할 수 없는 다양한 체험활동을 할 수 있습니다.

단점은 대부분 비인가 학교로 정부 지원을 받지 못해 학비가 상대적으로 비쌉니다. 또, 일반 학교와 마찬가지로 학교라는 틀에 얽매여 자유로운 학습이 어려울 수 있으며 비인가 학교의 경우 학력 인정을 받지 못해 졸업 후 개별로 검정고시를 통과해야 합니다.

계속 고민이 된다면

일단 담임 선생님과 하는 상담이 필수입니다. 아이의 성향에 맞고 보낼 만한 여력이 되는 대안학교를 찾아 발품을 팔아야 해요. 신중하게 생각하고 결정할 일이지요. 공립 초등학교 교사였던 저도 대안학교를 이곳저곳 찾아다니고 고민해 봤던 기억이 나는데요. 모든 아이에게 공립학교만이 정답이라고는 할 수 없습니다. 전학은 언제든 가능하지만 대안학교는 대부분 학력 인정이 되지 않으니 반드시 그에 따른 대책을 마련한 후에 결정해야 합니다.

학교 폭력으로 힘든 아이를
어떻게 도와야 할까요?

학교 폭력이란, 학교 내외에서 학생을 대상으로 발생한 상해, 폭행, 감금, 협박, 유인, 명예훼손, 모욕, 공갈, 강제적인 심부름 및 성폭력, 따돌림, 사이버 따돌림, 정보통신망을 이용한 음란, 폭력 정보 등에 의하여 신체, 정신 또는 재산상의 피해를 수반하는 행위를 말합니다.

최근 들어 학교마다 학교 폭력 신고 사례가 급증하고 있습니다. 좀처럼 발생하지 않았던 1학년 교실에서도 흔한 일이 되고 있고요. 아이들이 장난으로 하는 '사소한 괴롭힘'과 '놀림' 모두 학교 폭력에 속합니다.

부모의 관심에서 출발해요

아이가 특정 친구를 자주 거론하며 학교 가기 싫어한다거나 학교에서 혼났다고 한다면 아이의 학교생활과 친구들을 유심히 관찰할 필요가 있습니다. 또, 아이가 평소에 공격적인 성향이 있고 거친 말을 하며 친구들 위에 군림하려는 경향이 있다면 혹시라도 의도치 않게 학교 폭력 가해자가 될 수 있으니 이 역시 부모님의 세심한 관찰과 지도가 필요합니다.

힘들어하는 아이를 돕고 싶다면

아이가 학교 폭력으로 힘들어한다면 지체하지 말고 담임 선생님께 말씀드리세요. 선생님은 하루 종일 아이들과 한 교실에서 생활하지만 쉬는 시간에 화장실에서 일어나는 일과 하굣길, 학원에서 일어나는 은밀한 폭력과 괴롭힘까지 모두 파악하기는 어렵거든요. 선생님도 일단 알아야 도움을 줄 수 있습니다. 극성스러운 부모로 보일까 봐 걱정하다가 아이 마음이 시퍼렇게 멍들 수 있어요.

똑같은 상황도 담임 선생님이 아는 것과 모르는 것은 큰 차이가 있답니다. 학교폭력 피해자라면, 먼저 선생님에게 아이의 신변 보호를 요청하세요. 선생님이 상황을 알고 지도하는 중임에도 같은 상황이 반복된다면, 선생님에게 더욱 강력한 조치를 취해 달라고 하세요. 가해자 엄마와 직접 연락하고 만나는 것보다는 선생님을 통해 연락을 취하고 교실에서 선생님과 함께 세 사람이 모여 대화를 통해 해결하는 것을 추천합니다.

물론 그렇게까지 해도 해결되지 않을 때가 종종 있습니다. 피해자와 가해자가 도저히 합의에 이르지 못할 때는 '학교폭력위원회'가 열립니다. 초등학교에서 이런 경우는 흔치 않으며, 되도록 학교에서는 그 전 단계에서 원만히 해결되도록 노력합니다.

학교 폭력 관련 영상 바로가기

반 친구들에게
선물을 돌려도 되나요?

학급 친구들에게 선물을 돌리는 것은 모두 금지됐습니다. 유치원에서는 생일 때 자기 생일이라고 선물을 돌리거나 여행 다녀온 아이가 현지에서 구입한 간식거리를 가져와 함께 나누어 먹는 일이 가능했습니다. 화이트데이, 밸런타인데이, 어린이날처럼 특별한 날에는 예쁘게 포장한 간식을 친구들에게 나누어 주는 경우도 흔했고요. 예전에는 학교에서도 이런 사례가 종종 있었는데, 지금은 모두 금지됐습니다. 혹시라도 정말 나누고 싶은 선물이 있다면 사전에 담임 선생님께 허락을 구해야 합니다.

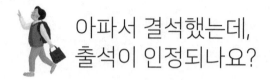

아파서 결석했는데, 출석이 인정되나요?

어떤 결석은 출석으로 인정되며, 미인정 결석이라 해도 초등 시기의 결석은 아이의 인생에 어떠한 결정적인 영향도 미치지 않습니다.

개근에 도전하고 싶다면 아래의 결석 종류와 출석이 인정되는 결석 규정을 꼼꼼히 챙겨 보세요. 중·고등 시기의 결석은 내신 성적의 감점 요소가 되니 출석 규정을 잘 알아 두면 두고 두고 편하고 안심이 됩니다.

결석의 종류

• 질병 결석: 질병으로 결석한 경우(질병 조퇴, 병원 진료 후 늦게 등교하는 질병 지참 모두 출석 인정됨)

• 미인정 결석: 태만, 가출 등 합당하지 않은 사유나 고의로 결석한 경우

• 기타 결석: 그 외의 결석

출석으로 인정되는 경우

• 학교 대표로 대회에 출전하게 된 때(학교장이 인정한 대회에 학교 대표로 참가하는 학생)

• 학교장의 허가를 받아 학교를 대표한 경기, 경연대회 참가, 교환 학습(1~3개월 이내)

• 현장 체험학습으로 출석하지 못한 경우

• 경조사로 출석하지 못한 경우

경조사 출석 인정 일수

구분	대상	출석 인정 일수
결혼	형제자매	1일
사망	부모 및 부모의 부모	5일
	부모의 조부모, 외조부모/형제자매 및 그의 배우자	2일
	부모의 형제자매	1일

법정 전염병이 발병했다면

일본뇌염, 수두, 인플루엔자, 결막염 등 감염병의 예방 및 관리에 관한 법률에 명시된 법정 감염병에 걸렸을 때는 의사

소견서에 명시된 날짜까지 출석으로 인정됩니다. 재등교할 때
는 완치되었다는 의사의 확인이 담긴 소견서가 필요하고요.

병원에서는 대부분 관련 서류를 잘 알기 때문에 학교에 제
출할 서류를 발급해 달라고 하면 안내받을 수 있답니다. 절차
는 아래와 같습니다.

발병 → 병원 진료 → 학교 연락 → 치료 → 등교 → 소견서 제출

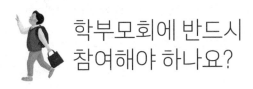

학부모회에 반드시
참여해야 하나요?

학부모회 참여는 선택 사항이며, 학교의 여러 행사와 회의에 참석할 만한 시간과 체력이 있다면 참여해 보길 추천드립니다. 학부모의 학교 운영 참여는 여러 가지 형태로 가능합니다. 크게 학교운영위원회와 학부모회로 나뉘는데, 흔히 알려진 학부모 봉사단체는 학부모회에 속한 조직입니다.

학교운영위원회

학교운영위원회는 교원 위원(교사), 학부모 위원, 지역 위원(학부모, 교사가 아닌 일반인 중 학교 운영에 도움을 줄 수 있는 사람)으로 구성되며, 그 비율이 정해져 있습니다. 법적으로는 심의기구(사립은 자문기구)이긴 하지만 학교 예산을 비롯해 학교 급식부터 교과서 채택, 교장 공모까지 심의할 수 있습니다. 학교 운영위원이 되어 학교 운영의 전반적인 사항들에 목소리를 내고 싶다면 학기 초 학교운영위원회 위원선정에 관한 가정통신문을 꼼꼼히 읽어 보세요.

학부모회

학부모회는 임원진, 학년 대표, 봉사단체 대표들, 그러니까 말 그대로 학부모들로만 이루어진 자발적 조직입니다. 주로 평일에 회의나 봉사활동 일정이 잡히기 때문에 직장에 다니는 아빠, 엄마들은 학교 전체 학부모회 참석이 어려운 편입니다.

학부모회는 학교와 학부모를 잇는 다리 역할을 합니다. 학부모들의 요구사항이나 만족스러운 점들이 자연스럽게 학부모회를 통해 학교에 전달되죠. 3월 학부모 총회 즈음이 되면 각종 봉사단체 신청서가 가정통신문으로 배부되는데, 이때 신청할 수 있습니다.

녹색어머니회

녹색어머니회는 등교 시간에 신호등이나 횡단보도에서 30분 동안 아이들의 교통 지도를 합니다. 가장 많은 인원이 필요한 일이기에 학기 초 담임 선생님들은 녹색어머니 인원수 할당을 채우기 위해 많은 고민을 합니다. 인원수가 적으면 어머니들의 활동 일수가 늘어날 수밖에 없기 때문이죠. 그런데 한 해 녹색어머니회 활동을 해 본 부모들은 그 고생스러움을 알기에 다음 해에는 어떻게든 피해가려고 노력합니다. 이러한 어려움 때문에 담임 선생님들의 고충을 덜고자 전교생 학부모를 대상으로 녹색어머니 활동을 운영하는 학교가 늘어나고 있습니다.

하교 시간 순찰 활동

어머니 폴리스는 하교 시간을 책임집니다. 정식 명칭은 학교마다 다르기도 하고요. 이 활동을 부모가 아닌 외부 인력을 활용하여 시행하는 교육청도 늘고 있습니다.

순찰 활동은 정규 일과가 끝나고 30분간 노란색 조끼를 입고 정해진 코스대로 학교 주변을 걸어 다니는 것입니다. 혹시라도 위험해 보이는 사람이 학교 주변에 있거나 무단횡단을 하며 달려가는 아이들이 있다면 상황에 맞는 조치를 취하는 것이 주요한 역할입니다.

급식 모니터링

급식 모니터 요원은 급식 재료 준비, 조리 과정, 배식, 식사, 설거지, 뒷정리 등 급식의 전 과정을 모니터합니다. 또, 당일의 급식 메뉴로 아이들과 함께 식사도 하면서 맛은 어떤지, 아이들이 많이 남기는 반찬은 어떤 것들이 있는지도 확인합니다. 점심시간쯤에 이루어지기 때문에 직장에 다니는 부모들은 참여하기 어렵지만, 1년에 한두 번 정도만 참여하면 되고 급식실의 모습을 지켜볼 기회이기에 지원해 보는 것도 좋은 경험이 됩니다.

학교 도서관 도우미

학교 도서관에서 사서 교사를 돕거나 역할을 대신하는 봉사 활동입니다. 도서관 봉사의 주업무는 아이들이 골라 온 책을 대출, 반납하도록 도와주고 정리하는 것입니다. 학교 도서관의 특성에 따라서 그 역할은 차이가 있습니다.

학교 도서관이 주관하는 도서 관련 행사가 있을 때 보조 교사로 활동하기도 하니, 평소 책과 학교 활동에 관심이 많다면 즐거운 경험이 될 수 있습니다.

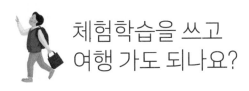

체험학습을 쓰고
여행 가도 되나요?

학기 중에 '체험학습 내고 여행을 다녀왔다'는 이야기를 들어 본 적이 있을 거예요. 체험학습은 가족 행사나 여행, 견학 활동 등으로 학교를 못 갈 상황에 합법적인 결석을 할 수 있는 제도예요.

신청 방법

학교별로 기준이 다를 수 있으니 미리 관련 규정을 확인하고 체험활동 신청서를 작성해야 합니다. 신청서와 보고서 양식은 학교 홈페이지에 게시되어 있습니다. 혹시 없다면 담임 선생님께 문의하면 되고요.

이 제도를 무분별한 해외 어학연수에 악용하는 사례가 종종 있어, 연간 체험학습 사용 일수를 국내와 해외로 구분해 제한하며 학교마다 학년 초에 안내합니다.

본래의 취지와 절차를 지켜주세요

예정된 체험학습일 일주일 전에는 신청서를 제출해야 합니다. 신청서를 결재받아야 하는 행정상 절차를 위한 것이기도 하고, 즉흥적으로 결석을 남발하는 부작용을 막기 위한 교육적인 의미이기도 합니다.

일주일 전 제출을 여러 번 안내하지만 담임 선생님을 가장 난감하게 하는 상황이 바로 하루 이틀 전, 심하면 당일 아침에 결석이 아닌 체험학습으로 해 달라는 부탁입니다.

날짜가 결정되면 일주일 전에 미리 제출해 주세요. 세부 일정, 자세하게 안 써도 됩니다. 나중에 일정이 변경되면 일정이 변경된 이유를 설명하고 실제 다녀온 대로 간단하게 작성하면 되기 때문이랍니다.

체험학습 보고서 작성하기

어떤 경우에는 보고서에 지나치게 공을 들이기도 합니다. 담임 선생님이 보고서를 받아 아이가 어디를 다녀왔고, 무얼 하고 왔는지 꼼꼼하게 읽어 보는 경우는 거의 없습니다. 보관과 결재를 위해 서류철을 해 둘 뿐입니다. 아이가 쓸 수 있고,

써 보고 싶어한다면 기회를 주는 것도 좋습니다. 여행을 다녀와 피곤에 지친 아이가 울며불며 직접 써야 하는 건 아니니 상황에 따르는 것도 좋습니다. 자필이 아닌 컴퓨터로 작성해도 상관 없습니다.

「학교장허가 교외체험학습」 신청서

	담임	교무부장

성 명	이규현		1학년 1반 11번	휴대폰	

본교 출석인정기간 연간(20)일	신청 기간	1일 기준	20 년 월 일 ~ 월 일	총 ( )일간
		반일 기준 (4시간 미만)	날짜	20 년 월 일	
			시간	시 분 ~ 시 분	
		우리 학교 학교장허가 교외체험학습 세부 규칙 및 불허기간 확인 ※ 필요시 담임교사와의 사전 협의 또는 문의	(○ , ×)

학습형태	◦가족동반여행( ) ◦친·인척 방문( ) ◦답사·견학 활동(○) ◦체험활동( )
목적지	춘천 드론 영상 축제	(숙박시) 숙박장소
보호자명	이은경	관계	엄마	휴대폰	010-1234-5678
인솔자명		관계		휴대폰	
목 적	드론 영상 축제 체험 및 관람
교외체험 학습계획	1) 창작 드론 경진대회 관람 2) 드론 시뮬레이션 체험 3) 탄소 제로 솜사탕 만들기 4) 드론 종이접기 체험
학생안전	교외체험학습이 5일 이상 연속될 경우 학생의 건강과 안전을 위하여 주 1회 이상 학생이 담임(담당)교사와 직접 통화하겠습니다.	☐ 동의함

위와 같이 「학교장허가 교외체험학습」을 신청합니다.

20○○년 ○○월 ○○일

보호자 : 이은경 (인)

학생 : 이규현 (인)

○○초등학교장 귀하

---------------------(이하 담임 작성)---------------------

학교장허가 교외체험학습 통보서

성 명			학년 반	제 학년 반 번

본교 출석 인정 기간 연간 (20)일	신청 기간	1일 기준	20 년 월 일 ~ 월 일( )일간
		반일 기준 (4시간 미만)	20 년 월 일 시 분 ~ 시 분(시간)

금회까지 누적 사용 기간 ( )일	위와 같이 허가 처리되었음을 알려 드립니다. 20 . . . ○○초등학교 ( )학년 ( )반 담임교사 : (인) 보호자님 귀하

※ 보호자가 신청서를 제출하였다 하여 체험학습이 허가된 것이 아니며 담임교사로부터 반드시 **최종 허가 여부 통보서(또는 문자)를 받은 후 실시해야** 합니다.
※ 신청서 제출 기한은 3일 이전, 보고서는 종료 후 5일 이내 제출
※ 교외체험학습 실시 중에는 보호자와 담임(담당)교사 간 연락체계를 유지하고 사안(사고) 발생 시 보호자는 담임(담당)교사에게 연락을 하도록 합니다.
※ 교외체험학습이 5일 이상 연속될 경우 주1회 이상 학생이 담임(담당)교사와 직접 통화하여 건강과 안전을 확인시켜야 합니다. 미이행의 경우 시·군·구 아동복지과 또는 수사기관에 통보될 수 있음을 알려드립니다.

「학교장허가 교외체험학습」 결과보고서

	담임	교무부장

성 명	이규현		학년 반		Ⅰ 학년 Ⅰ 반 ⅠⅠ 번
기간	1일 기준		20 년 월 일 ~ 월 일 ( ) 일간		
	반일 기준 (4시간 미만)		20 년 월 일 : ~ :		
목적지 및 동반자	목적지		춘천 드론 영상 축제		
	보호자(동반자)				
학습형태	◦ 가족동반여행( ) ◦ 친·인척 방문( ) ◦ 답사·견학 활동(O) ◦ 체험활동( )				
제 목	드론 영상 축제를 다녀와서				

* 교외체험학습을 통해 느낀 점, 배운 점 등을 글, 그림 등으로 학생이 체험 또는 학습한 내용을 기록합니다.
(사진, 티켓 등은 별지에 부착)

<드론 영상 축제>

1. 체험 활동 내용

  1) 창작 드론 경진대회 관람

  2) 드론 시뮬레이션 체험

  3) 탄소제로 솜사탕 만들기 - 전기 사용 없이 자전거를 돌려서 만드는 솜사탕 체험

  4) 드론 종이접기 체험

2. 배운 점

  다양한 드론의 모습을 볼 수 있었다. 드론이 만들어지는 과정과 드론을 활용한

  여러 가지 생활의 모습을 배웠다. 드론의 쓰임이 생각보다 훨씬 다양했다.

3. 느낀 점

  자전거를 돌려서 만드는 솜사탕 체험을 했는데 신기하고 힘들었다.

위와 같이 「학교장허가 교외체험학습」 결과보고서를 제출합니다.
20○○년 ○○월 ○○일

보호자 : 이은경 (인)

학생 : 이규현 (인)

○○초등학교장 귀하

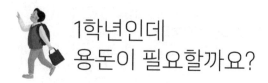

1학년인데
용돈이 필요할까요?

학교와 학원에 혼자 다닐 수 있는 초등학생이 되면 급할 때 사용할 수 있도록 용돈을 챙겨 줘야 하지 않을까 하는 고민이 들게 마련입니다.

아이가 돈의 크기를 비교할 수 있고 돈으로 물건을 살 수 있다는 것을 정확하게 아는 시기가 되면 용돈을 스스로 사용하도록 해 주는 것이 좋습니다. 용돈을 스스로 계획해서 쓸 수 있는 기회를 갖는 것이 곧 경제공부의 시작입니다.

언제부터 줘야 할까?

대략 1학년을 전후한 시기에 돈의 개념이 잡히기 시작합니다. 그런데 돈의 개념을 안다고 해서 초등 이전 시기에 용돈을 주는 것은 권하지 않습니다. 부모님과 동행한 상황에서 아이가 직접 물건을 산 후 영수증과 거스름돈을 챙기는 연습을 해 보고, 화폐를 정확하게 구분할 수 있는지 확인한 후 내 아이의 적기를 가늠하는 것이 좋습니다.

사실 군것질을 제외하고는 초등 1학년 아이 혼자 돈을 들고 다니면서 쓸 일이 많지는 않습니다. 버스를 탈 일이 자주 있다면 어린이용 교통카드를 이용하면 되고, 아이 혼자 문구사에 들러 마련해야 할 정도로 당장 급한 학교 준비물은 내 주지 않습니다.

용돈 주기

용돈을 처음 사용하는 1학년 친구들은 매일 혹은 일주일에 한 번 정도로 용돈 주기를 짧게 하는 것이 좋습니다. 물건을 잘 관리하지 못하는 것처럼 돈도 분실하는 경우가 종종 생기기 때문이죠. 그럴 땐 반드시 부모님이 얼마나 힘들게 이 돈을 번 것인지, 돈이 얼마나 소중한 것인지를 정확히 알 수 있게 가르쳐야 합니다.

분실하거나 낭비하지 않고 적절하게 사용한다면 점차 그 주기를 늘려가도 좋습니다. 다만 약속한 용돈 주기는 꼭 지키는 것이 교육적입니다.

용돈 액수

아이에게 얼마가 필요한지 물어보고, 간식, 학용품, 장난감, 저축 등 사용처를 부모와 함께 살펴본 후 결정해야 합니다. 이 때 또래 친구들과 비슷한 액수로 정하는 것이 좋습니다.

실제로 용돈의 사용처가 많지 않고 아직 부모님과 보내는 시간이 많은 1학년 친구들의 경우 일주일에 천 원 정도로 용돈을 직접 관리하는 경험을 시작하는 것이 좋습니다. 학년이 올라가고 사용처가 늘어날 때 차츰 액수를 늘려가면 됩니다.

용돈 기입장

아이에게 용돈을 주었다면 용돈을 사용하는 방식에 대해 자율성을 보장해 주세요. 이것을 위해서는 용돈을 주기 전에 용돈 사용에 관한 규칙을 만들어 두는 것이 좋습니다. 사지 않기로 한 물건에 대한 규칙을 지킨다면 나머지 부분에 대해서는 아이의 자유의사를 존중해 주세요.

또, 자유롭게 사용하되 어떤 곳에 얼마를 쓰는지는 부모님과 아이가 함께 확인해야 합니다. 이를 위해 용돈 기입장을 쓰는 것을 추천합니다. 용돈을 쓸 때마다 액수, 사용처 등을 꼬박꼬박 적는 일이 1학년 친구들에게는 아직 어려울 수 있지만 시간이 지날수록 점차 나아지는 모습을 보게 될 겁니다.

용돈 관리

1학년이면 휴대전화를 관리하는 것처럼 용돈도 스스로 관리할 수 있습니다. 그런데 문제는 용돈을 사용하면서 생겨요. 아이들은 귀신같이 알아요. 돈 있는 친구를요. 그 친구와 친하게 지내면 떡볶이도, 아이스크림도 먹을 수 있다는 걸 바로 알아챕니다. 그 친구와 친해지려고 노력도 하지요. 나중에는 그 친구를 이용하려 하고요.

아이에게 용돈을 줬는데 빨리 써 버렸다면 반드시 확인하세요. 언제 어디서 누구와 무엇을 하면서 그 돈을 사용했는지 말이에요. 친구와 같이 먹었다고 한다면 그 친구와 어떻게 분식집을 갔고, 친구가 어떻게 말했는지도 자세히 물어보세요. 나는 싫은데 그 친구가 계속 같이 가자고, 같이 먹자고 한 건 아닌지 짚어 보길 바라요.

초등 용돈 교육 관련 영상 바로가기

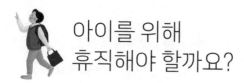

아이를 위해
휴직해야 할까요?

이 질문에 과연 정답이 있을까요? 맞벌이 가정의 비율은 매해 최고를 찍을 정도로 늘고 있습니다. 아이들을 늦게까지 보살펴 주던 유치원 시절이 직장 다니기 가장 편했다고 할 만큼 맞벌이 부모에게 초등학교의 돌봄 시스템은 여전히 아쉬움이 큽니다.

휴직이 가능한 직장이라면 1학년 때 6개월에서 1년 정도 휴직을 추천합니다. 하지만 그럴 수 없는 직장이 훨씬 많기에, 처한 상황에서 최선의 방법이 무엇일까를 고민하세요.

1학년 직장맘의 현실

방과후학교, 학원, 돌봄 교실, 할머니, 도우미 이모를 다 동원해도 중간중간 구멍이 나지요. 또, 아이가 아프거나 전염병에 걸리기라도 하면 아이를 맡길 곳이 없어 발을 동동 구르며 직장을 그만둬야 하나 고민이 많아집니다.

학부모 공개수업, 운동회, 학부모 봉사 등 학교 행사에 참여할 수 없으니 아이는 서운해하고 아빠, 엄마는 늘 미안할 뿐입니다. 학부모 공개수업과 담임 선생님 상담 등 평일 학교 행사에 참석하려면 눈치를 보지 않을 수 없으니 일도 아이도 둘 다 놓치는 기분이 들 수밖에 없고요.

부모가 모두 직장에 다니면 티가 나나요?

흔히 맞벌이 가정의 아이들은 '티가 난다'는 말을 합니다. 그런데 1학년 담임을 해 보니 꼭 그렇지 않아 놀랐던 기억이 있습니다. 부모님의 무신경과 무관심이 '티가 나는' 아이들은 맞벌이 가정의 아이가 아니었거든요.

직장과 상관없이 부모가 얼마나 아이에게 관심을 갖느냐가 차이였습니다. 쌍둥이 둘을 입학시키고도 한 번도 빠짐없이 준비물이며 숙제, 옷차림, 건강까지 똑 부러지게 챙겨 보낸 맞벌이 부모도 있었고요. 집에서 밀착 케어하는 부모님이 계신데도 걸핏하면 준비물을 빠뜨리는 아이도 있었어요. 제가 담임을 맡았던 반의 대표와 부대표 부모님들은 모두 직장에 다니는 분들이셨는데요. 할 수 있는 범위에서 최선을 다해 학교

일에 참여하고 관심을 보여 주시던 모습이 지금도 선합니다.

어느 쪽을 택하든 1학년은 중요하고, 또 힘들어요

직장이든 가정이든 선택했다면 그 선택에 최선을 다하세요. 비슷한 상황에 놓인 선배 부모들의 이야기도 들어 보고, 일하면서도 아이들 훌륭히 잘 키워 낸 부모들이 쓴 책도 열심히 읽어보세요.

집에 있는 부모는 일하는 부모를, 일하는 부모는 집에 있는 부모를 부러워합니다. 자기 상황을 100퍼센트 만족하고 받아들이는 경우는 거의 보기 어렵지요. 모두 내 선택이고, 내가 받아들여야 하는 상황이니 상황 안에서 부모로서 최선을 다하면 되는 겁니다.

직장을 다니든, 아니든

부모가 직장을 다니든, 다니지 않든 1학년 동안은 아이를 향한 시선을 떼지 말라고 말씀드리고 싶어요.

아이에게서 눈을 떼면 티가 납니다. 선생님 보기에 티가 나서 민망한 건 문제가 아니에요. 선생님은 1년 지나면 다시 만날 사이도 아니잖아요. 아이가 앞으로 겪어야 할 12년의 학교생활, 그 밑거름이 되는 중요한 시기가 바로 1학년입니다.

아마 힘들고 귀찮고 지치기도 할 거예요. 1년 동안 시선을

고정해야 한다는 거, 정말 어렵습니다. 기억할 것이 많고 챙겨
줘야 할 것이 많습니다만, 1학년을 잘 보내고 나면 한숨 돌리
실 거라 장담합니다.

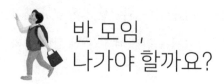

반 모임,
나가야 할까요?

아이의 초등학교 입학은 부모에게도 새로운 사회생활의 시작을 뜻합니다. 부모들은 어떤 아이들이 같은 반이 됐을까 궁금해합니다. 직장에 다니든 안 다니든 아이가 학교를 다니는 이상, 반 모임을 완전히 차단하고 살기는 어렵습니다. 아이를 위해서도 그렇고 아이를 지원할 부모를 위해서도 더욱 그렇습니다.

반 모임은 어떻게 시작되나요

학부모 총회 후에 반 대표가 결정되고 나서 연락처가 수집되면 반 모임이 잡힙니다. 평일 오전에 커피 타임을 갖거나 토요일에 키즈 카페에서 아이들을 동반한 모임을 갖기도 합니다. 주로 엄마들 위주의 모임으로 이루어지는데, 간단한 자기소개를 시작으로 조심스러운 수다가 본격적으로 시작됩니다. 같은 유치원을 다녀 안면 있는 부모와 같은 반이 되면 참 반갑지요.

막상 가 보면 얻는 것

아이가 친구들과 노는 모습을 관찰하면서 아이에 대해 더 많이 알 수 있는 기회가 될 거예요. 가족과 함께 시간을 보낼 때는 볼 수 없던 장단점과 새로운 모습들이 눈에 들어오죠. 더불어 아이의 학교생활도 짐작해 볼 수 있고요. 아이 친구 중 누군가의 특별한 모습을 보면 그 아이 부모의 어떤 점이 특별할까 궁금하기도 합니다. 아이가 평소에 힘들어하던 친구를 만날 기회가 생기면, 그 아이의 어떤 점 때문에 스트레스를 받는지 유심히 보았다가 대화할 때 아이의 이야기에 맞장구치며 공감하려고 노력해 보세요.

아는 부모가 있으면 든든해요

1학년답게 학교에 알림장을 두고 오거나 결석하거나 숙제 또는 준비물을 정확히 알지 못해 늦은 밤에 답답해지는 날이 몇 번씩은 있었습니다. 그럴 땐 미리 사귀어 둔 아이 친구의 부모가 제일 고맙습니다. 밤이 늦어 준비물을 미처 사지 못했을 때 집에 있는 여분을 나누어 주는 고마운 천사 부모들도 어느 반에나 있습니다. 중요한 건 관계더라고요. 아주 깊이 있는 관계가 아니더라도, 그 정도 도움을 주고받을 수 있는 부모들을 몇 명 확보하는 건 아이를 위해서가 아니라 부모의 정신 건강을 위해서 필요합니다.

양육의 도움을 주고받는 건강한 관계

어린 동생 때문이든 편찮으신 부모님 때문이든 정신없이 돌아가는 직장 때문이든 아이의 학교생활을 온전히 집중해서 챙겨 주지 못할 이유들이 하루에도 몇 가지씩 생깁니다. 그럴 때 그 모든 구멍을 오롯이 부모가 메우는 건 너무 힘듭니다. 그래야만 한다고 생각하면 스트레스가 됩니다. 언제든 같은 반 친구와 친구 부모에게 도움을 받고, 도움을 줄 수 있다고 생각하면 한결 여유가 생깁니다. 그러면서 친해지고 좋은 인연도 자라납니다.

아이 친구 모임, 엄마 반 모임 관련 영상 바로가기

부록

부록1

학부모를 위한 온라인 사이트 목록

알차게 운영되는 무료 사이트도 많습니다. 시간 날 때 한 번씩 들어가 본 후에 아이의 상황과 요구에 맞게 활용한다면 학원이나 학습지보다 뛰어난 효과를 볼 수 있을 거예요.

EBSe

사이버 영어 학습 대표 채널. 인터넷 강의, 영어 게임, 학부모 지원센터 등 다양하고 유익한 콘텐츠를 이용할 수 있어요.

EBSe 바로가기

꿀박사

서울시 교육청 사이버 학습 사이트. 과목별 학습지를 출력하거나 문제를 풀 수 있고 맞춤형 논술 첨삭 지도도 받을 수 있어요. 서울시 거주 학생이 아니어도 가입하여 활용 가능합니다.

꿀박사 바로가기

서울특별시 교육청 과학전시관

서울특별시 교육청에서 운영하는 사이트로, 과학과 관련한 다양한 학습 자료를 제공하며, 질문을 올리면 선생님들의 답변을 얻을 수 있어요. 초등 3학년부터 고등 1학년까지 과학 교과과정으로 운영되지만 과학에 관심이 많은 아이라면 초등 1학년도 흥미를 가질 만한 내용이 많습니다.

서울특별시 교육청 과학전시관 바로가기

독서교육종합지원시스템

초등학교 1학년부터 고등학교 때까지 독서 기록을 남길 수 있는 종합 시스템이에요. 대학 입시에서 독서 기록의 비중이 높아지고 있으니 시간 날 때마다 아이의 독서 기록을 남겨 놓으면 훗날 재산이 될 거예요. 같은 책을 읽은 아이들끼리 독서 토론과 질의응답을 주고받는 게시판도 활성화되어 있어서 독후 활동으로도 유용합니다. 지역마다 홈페이지를 운영합니다.

지역별 독서교육종합지원시스템 바로가기

서울	부산	대구	인천	광주
대전	울산	세종	경기	강원
충북	충남	전북	전남	경북
경남	제주			

학부모 서비스_나이스 대국민서비스

학부모 서비스는 학교를 직접 찾아가지 않아도 학교 정보뿐만 아니라 아이의 학교생활을 인터넷으로 열람하고 선생님과의 상담, 상호의견 교환을 할 수 있는 서비스예요. 학부모 서비스로 알 수 있는 정보는 생각보다 많은데, 실제로 이용하는 분들은 많지 않습니다.

나이스 대국민서비스(www.neis.go.kr)에 접속해서 회원가입 후 인증서를 등록하세요. 로그인을 하고 내 자녀를 등록하면 학교에서 확인 후 승인을 해 줍니다. 그 후에 자녀에 관한 정보를 열람할 수 있어요. 이곳에서 볼 수 있는 정보는 학교 안내, 학사 일정, 식단표, 생활기록부, 시간표 등 다양해요.

나이스 대국민서비스 바로가기

부록 2

학년별 초등 국어 교과서 수록 도서 목록

• 일부 도서는 학년별 중복되어 수록되기도 합니다.

1학년

제목	지은이	출판사	출판연도
1학년 동시 교실	김종상 외	주니어김영사	2016
강아지 복실이	한미호	국민서관	2012
구름 놀이	한태희	미래엔아이세움	2004
글자동물원	이안	문학동네	2015
깊은 산속 옹달샘 누가 와서 먹나요	윤석중	예림당	2022
까르르 깔깔	이상교	미세기	2015
꿀 독에 빠진 여우	안선모	보물창고	2017
나는 자라요	김희경	창비	2016
내 마음의 동시 1학년	신현득 외	계림북스	2011
도토리 삼 형제의 안녕하세요	이송현	길벗어린이	2009
동동 아기 오리	권태응	다섯수레	2009
동물친구 ㄱㄴㄷ	김경미	웅진주니어	2006

딴생각하지 말고 귀 기울여 들어요	서보현	상상스쿨	2020
라면 맛있게 먹는 법	권오삼	문학동네	2015
말놀이 동요집 1	최승호	비룡소	2011
몰라쟁이 엄마	이태준	우리교육	2002
몽몽 숲의 박쥐 두 마리	이혜옥	한국차일드아카데미	2013
별을 삼킨 괴물	민트래빗플래닝	민트래빗	2015
붉은 여우 아저씨	송정화	시공주니어	2015
생각하는 ㄱㄴㄷ	이보나 흐미엘레프스카	논장	2006
소금을 만드는 맷돌	홍윤희	예림아이	2018
소리치자 가나다	박정선	비룡소	2007
손으로 몸으로 ㄱㄴㄷ	전금하	문학동네	2008
숨박꼭질 ㄱㄴㄷ	김재영	현북스	2013
숲 속 재봉사	최향랑	창비	2010
아가 입은 앵두	서정숙	보물창고	2013
아빠가 아플 때	한라경	리틀씨앤톡	2016
어머니 무명 치마	김종상	창비	2002
엄마 내가 할래요!	장선희	장영	2012
역사를 바꾼 위대한 알갱이 씨앗	서경석	미래아이	2013
우리 동요 -랄랄라 신나는 인기 동요 60곡	편집부	애플비북스	2015
이가 아파서 치과에 가요	한규호	받침없는동화	2019
인사할까, 말까?	허은미	웅진다책	2011
초코파이 자전거	신현림	비룡소	2019
콩 한 알과 송아지	한해숙	애플트리태일즈	2015
표정으로 배우는 ㄱㄴㄷ	솔트앤페퍼	소금과후추	2018
표지판이 말을 해요	장석봉	웅진다책	2008

2학년

제목	지은이	출판사	출판연도
42가지 마음의 색깔	크리스티나 누네스 페레이라, 라파엘 R. 발카르셀	레드스톤	2015
7년 동안의 잠	박완서	어린이작가정신	2015
거인의 정원	오스카 와일드	웅진씽크하우스	2007
교과서 전래 동화	조동호	거인	2005
기분을 말해 봐요	디디에 레비	다림	2016
김용택 선생님이 챙겨 주신 1학년 책가방 동화	이규희	파랑새어린이	2003
까만 아기 양	엘리자베스 쇼	푸른나무출판	2021
께롱께롱 놀이 노래	편해문	보리	2008
나무는 즐거워	이기철	비룡소	2019
나무들이 재잘거리는 숲 이야기	김남길	풀과바람	2014
내 꿈은 방울토마토 엄마	허윤	키위북스	2014
내 별 잘 있나요	이화주	상상의힘	2013
내가 도와줄게	테드 오닐, 제니 오닐	비룡소	2020
내가 조금 불편하면 세상은 초록이 돼요	김소희	토토북	2009
동무 동무 씨동무	편해문	창비	1999
딱지 따먹기	백창우	보리	2002
머리가 좋아지는 그림책 - 창의력	우리누리	길벗스쿨	2017
밥상에 우리말이 가득하네	이미애	웅진주니어	2006
불가사리를 기억해	유영소	사계절	2022
산새알 물새알	박목월	푸른책들	2016
선생님, 바보 의사 선생님	이상희	웅진주니어	2010
소가 된 게으름뱅이	한은선	지경사	2021
수박씨	최명란	창비	2008

신기한 독	홍영우	보리	2010
신발 신은 강아지	고상미	위즈덤하우스	2016
아니, 방귀 뽕나무	김은영	사계절	2015
아빠 얼굴이 더 빨갛다	김시민	리젬	2017
아주 무서운 날	탕무니우	찰리북	2014
아홉 살 마음 사전	박성우	창비	2017
언제나 칭찬	류호선	사계절	2017
엄마를 잠깐 잃어버렸어요	크리스 호튼	보림gb	2011
오늘 내 기분은…	메리앤코카-레플러	키즈엠	2015
욕심쟁이 딸기 아저씨	김유경	노란돼지	2017
우리 동네 이야기	정두리	푸른책들	2013
우산 쓴 지렁이	오은영	현암사	2006
원숭이 오누이	채인선	한림출판사	2009
윤동주 시집	윤동주	범우사	2002
으악, 도깨비다!	손정원	느림보	2002
저 풀도 춥겠다	부산 알로이시오 초등학교 어린이	보리	2017
종이 봉지 공주	로버트 문치	비룡소	1998
짝 바꾸는 날	이일숙	도토리숲	2017
참 좋은 짝	손동연	푸른책들	2004
치과 의사 드소토 선생님	윌리엄 스타이그	비룡소	1995
콩이네 옆집이 수상하다!	천효정	문학동네	2016
큰턱 사슴벌레 VS 큰뿔 장수풍뎅이	장영철	위즈덤하우스	2012
팥죽 할멈과 호랑이	박윤규	시공주니어	2006
호주머니 속 알사탕	이송현	문학과지성사	2011
훨훨 간다	권정생	국민서관	2003

3학년

제목	지은이	출판사	출판연도
가자, 달팽이 과학관	윤구병	보리	2012
감자꽃	권태응	보물창고	2014
개구쟁이 수달은 무얼 하며 놀까요?	왕입분	재능교육	2006
거인 부벨라와 지렁이 친구	조 프리드먼	주니어RHK	2016
곱구나! 우리 장신구	박세경	한솔수북	2014
귀신 선생님과 진짜 아이들	남동윤	사계절	2014
귀신보다 더 무서워	허은순	보리	2013
까불고 싶은 날	정유경	창비	2010
꼴찌라도 괜찮아	유계영	휴이넘	2010
꽃 발걸음 소리	오순택	아침마중	2016
내 입은 불량 입	경북봉화분교어린이들	크레용하우스	2021
너라면 가만있겠니?	우남희	청개구리	2014
눈	박웅현	비룡소	2018
눈코입귀손!	김종상	위즈덤북	2009
도토리 신랑	서정오	보리	2007
들썩들썩 우리 놀이 한마당	서해경	현암사	2012
리디아의 정원	사라 스튜어트	시공주니어	2022
만복이네 떡집	김리리	비룡소	2010
명절 속에 숨은 우리 과학	오주영	시공주니어	2008
무툴라는 못 말려	베벌리 나이두	국민서관	2008
바람의 보물찾기	강현호	청개구리	2011
바삭바삭 갈매기	전민걸	한림출판사	2014
별난 양반 이 선달 표류기 1	김기정	웅진주니어	2016
비밀의 문	에런 베커	웅진주니어	2016

삐뽀삐뽀 눈물이 달려온다	김륭	문학동네	2012
소똥 밟은 호랑이	박민호	알라딘북스	2018
식물이 좋아지는 식물책	김진옥	궁리출판	2020
아! 깜짝 놀라는 소리	신형건	푸른책들	2022
아드님, 진지 드세요	강민경	좋은책어린이	2022
아씨방 일곱 동무	이영경	비룡소	1998
아인슈타인 아저씨네 탐정 사무소	김대조	주니어김영사	2015
아프리카 까마귀, 석주명	김준영	한국차일드아카데미	2022
알고 보면 더 재미있는 곤충 이야기	김태우, 함윤미	뜨인돌어린이	2006
알리키 인성교육 1 : 감정	알리키 브란덴베르크	미래아이	2002
어쩌면 저기 저 나무에만 둥지를 틀었을까	이정환	푸른책들	2011
온 세상 국기가 펄럭펄럭	서정훈	웅진주니어	2010
으악, 도깨비다!	손정원	느림보	2002
이야기 할아버지의 이상한 밤	임혜령	한림출판사	2012
쥐눈이콩은 기죽지 않아	이준관	문학동네	2017
지렁이 일기예보	유강희	비룡소	2019
진짜 투명인간	레미 쿠르종	씨드북	2015
짝 바꾸는 날	이일숙	도토리숲	2017
축구부에 들고 싶다	성명진	창비	2011
타임캡슐 속의 필통	남호섭	창비	2017
프린들 주세요	앤드루 클레먼츠	사계절	2001
플랑크톤의 비밀	김종문	예림당	2015
하루와 미요	임정자	문학동네	2014
한눈에 반한 우리 미술관	장세현	사계절	2012
행복한 비밀 하나	박성배	푸른책들	2012

4학년

제목	지은이	출판사	출판연도
가자, WOW 5000년 한국여성위인전 1	신현배	형설아이	2014
100살 동시 내 친구	한국동시문학회	청개구리	2008
두고두고 읽고 싶은 한국 대표 창작 동화 3	김자연	계림북스	2006
가을이네 장 담그기	이규희	책읽는곰	2008
경제의 핏줄 화폐	김성호	미래아이	2013
경주 최 부잣집 이야기	심현정	느낌이있는책	2010
경주 최씨 부자 이야기	조은정	여원미디어	2021
고래를 그리는 아이	윤수천	시공주니어	2011
고학년을 위한 동요 동시집	김형경 외	상서각	2008
기찬 딸	김진완	시공주니어	2011
꽃신	윤아해	사파리	2018
나 좀 내버려 둬!	박현진	길벗어린이	2006
나무 그늘을 산 총각	권규헌	봄볕	2018
나비를 잡는 아버지	현덕	효리원	2022
내 맘처럼	최종득	열린어린이	2017
놀면서 배우는 세계 축제 1	유경숙	봄볕	2016
두근두근 탐험대 1- 모험의 시작	김홍모	보리	2008
맛있는 과학 6. 소리와 파동	문희숙	주니어김영사	2011
매일매일 힘을 주는 말	박은정	개암나무	2016
멋져 부러, 세발자전거!	김남중	낮은산	2010
멸치 대왕의 꿈	이월	키즈엠	2014
무지개 도시를 만드는 초록 슈퍼맨	김영숙	위즈덤하우스	2015
사과의 길	김철순	문학동네	2014
사흘만 볼 수 있다면 그리고 헬렌 켈러 이야기	헬렌켈러	두레아이들	2013

생명, 알면 사랑하게 되지요	최재천	더큰아이	2018
세상에서 가장 유명한 위인들의 편지	오주영	채우리	2014
세종대왕, 세계 최고의 문자를 발명하다	이은서	보물창고	2014
쉬는 시간에 똥 싸기 싫어	김개미	토토북	2017
신기한 그림족자	이영경	비룡소	2002
아는 길도 물어 가는 안전 백과	이성률	풀과바람	2016
아름다운 꼴찌	이철환	주니어RHK	2014
알고 보니 내 생활이 다 과학!	김해보, 정원선	예림당	2013
어머니의 이슬털이	이순원	북극곰	2013
우리 속에 울이 있다	박방희	푸른책들	2017
우리 조상들은 얼마나 책을 좋아했을까?	마술연필	보물창고	2015
우산 속 둘이서	장승련	푸른책들	2018
이솝 이야기	이솝	미래엔아이세움	2017
자유가 뭐예요?	오스카 브르니피에	상수리	2008
젓가락 달인	유타루	바람의아이들	2014
정약용	김은미	비룡소	20121
조선 사람들의 소망이 담겨 있는 신사임당 갤러리	이광표	그린북	2016
주시경	이은정	비룡소	2021
지각 중계석	김현욱	문학동네	2015
지붕이 들려주는 건축 이야기	남궁담	현암주니어	2016
초록 고양이	위기철	사계절	2016
초희의 글방 동무	장성자	개암나무	2014
콩 한 쪽도 나누어요	고수산나	열다	2018
피자의 힘	김자연	푸른사상	2018
함께 사는 다문화 왜 중요할까요?	홍명진	어린이나무생각	2012

5학년

제목	지은이	출판사	출판연도
가랑비 가랑가랑 가랑파 가랑가랑	정완영	사계절	2015
공룡 대백과	이용규 외	웅진주니어	2013
난 빨강	박성우	창비	2010
니 꿈은 뭐이가?	박은정	웅진주니어	2010
마음의 온도는 몇 도일까요?	정여민	주니어김영사	2016
바다가 튕겨낸 해님	박희순	청개구리	2019
바람소리 물소리 자연을 닮은 우리 악기	청동말굽	문학동네	2008
별을 사랑하는 아이들아	윤동주	푸른책들	2016
브리태니커 만화 백과: 여러 가지 식물	봄봄스토리	미래엔아이세움	2016
뻥튀기는 속상해	한상순	푸른책들	2009
색깔 속에 숨은 세상 이야기	박영란, 최유성	미래엔아이세움	2007
생각이 꽃피는 토론2	황연성	이비락	2018
수일이와 수일이	김우경	우리교육	2001
악플 전쟁	이규희	별숲	2022
어린이 문화재 박물관 2	문화재청	사계절	2006
여행자를 위한 나의 문화유산답사기 2	유홍준	창비	2016
전통 속에 살아 숨 쉬는 첨단 과학 이야기	윤용현	교학사	2012
존경합니다, 선생님	패트리샤 폴라코	미래엔아이세움	2015
쥐 둔갑 타령	이광익	시공주니어	2008
지켜라! 멸종 위기의 동식물	백은영	뭉치	2021
참 좋은 풍경	박방희	청개구리	2012
파브르 식물 이야기	장 앙리 파브르	사계절	2011
할아버지를 기쁘게 하는 12가지 방법	김인자	파랑새어린이	2012

6학년

제목	지은이	출판사	출판연도
가랑비 가랑가랑 가랑파 가랑가랑	정완영	사계절	2015
구멍 난 벼루	배유안	토토북	2016
나는 비단길로 간다	이현	푸른숲주니어	2012
내 마음의 동시 6학년	유경환 외	계림북스	2011
노래의 자연	정현종	시인생각	2013
등대섬 아이들	주평	신아출판사	2016
말대꾸하면 안 돼요?	배봉기	창비	2010
불패의 신화가 된 명장 이순신	이강엽	웅진씽크빅	2005
뻥튀기	고일	주니어이서원	2014
샘마을 몽당깨비	황선미	창비	2013
생각 깨우기	이어령	푸른숲주니어	2009
속담 하나 이야기 하나	임덕연	산하	2016
쉽게 읽는 백범 일지	김구	돌베개	2005
식구가 늘었어요	조영미	청개구리	2014
아트와 맥스	데이비드 위즈너	시공주니어	2019
완희와 털복숭이 괴물	수잔 지더 외	연극놀이그리고교육	2011
우주 호텔	유순희	해와나무	2012
의병장 윤희순	정종숙	한솔수북	2019
이모의 꿈꾸는 집	정옥	문학과지성사	2010
장복이, 창대와 함께하는 열하일기	강민경	현암주니어	2020
조선 왕실의 보물, 의궤	유지현	토토북	2009
지구촌 아름다운 거래 탐구생활	한수정	파란자전거	2016
황금 사과	송희진	뜨인돌어린이	2010

이 책이 왜 이제야, 내 손에 들린 걸까요? 혼돈 그 자체였던 첫째 아이의 1학년 생활이 떠오릅니다. 옆집 엄마, 맘카페, 선배 언니들에게 물었던 궁금증들이, 이 책 한 권으로 모두 대답이 되네요! 덕분에 1학년 앞둔 둘째 아이 걱정은 내려놨습니다. 생각하지 못한 부분까지 미리 알려 주신 이은경 선생님! 만세! • 김지예

현명한 학부모라면 미리미리 준비해요! 슬기로운 학교생활을 위한 학부모 길라잡이 • 이미희

예비 초딩맘으로 막막했는데 이 책 한 권으로 초딩 준비 끝! 주변 지인들한테도 마구 추천했습니다! 예비 초딩맘 필독서♡ • 김은선

아이의 초등 입학을 앞두고 이렇게 따뜻하고 꼼꼼한 안내서를 만나다니, 안심이 됩니다.
• 김민지

이 책을 읽으면서 어떤 부분을 챙기고 무엇을 미리 연습하면 좋을지 또 어떤 걱정을 덜어낼지 많은 도움을 받았어요. 1학년을 준비하는 많은 부모님들이 읽으시면 큰 도움이 되실 것 같은 감사한 책이에요. • 조민희

막연한 두려움에 불안한 예비 학부모를 위한 이보다 더 친절할 수 없는 초등 안내서 • 여의주

출산을 하고 엄마와 아빠라는 이름을 선물해 준 것처럼, 이제는 우리에게 학부모라는 이름을 선물해 준 지금, 꼭 한 번 읽어야 할 초등학교 생활의 바이블! • 온이빈이진이맘

효자손 같은 책, 초등 입학 준비부터 학교생활 전반에 걸쳐 궁금하고 알고 싶은 모든 내용들을 시원하게 알려 주는 책 • 조진실

첫 단추를 잘 꿰어야 12년 학교생활을 잘 달릴 수 있다는 말씀 꼭 기억하겠습니다. • 박지현

아이의 초등 입학을 앞두고 두려운 마음이 크신가요? 엄마, 아빠도, 아이도 차근차근 초등 입학을 준비하며 걱정과 떨림을 설렘으로 바꿔 주는 책입니다! • 전윤화

무조건 건네는 응원이 아닌 정말 궁금했던 실전 정보들이 밀도 있게 담겨 있는 지도 같은 책! • 김아영

'엄마도 학부모는 처음이야'라며 불안한 숨 크게 들이시던 찰나에 만나게 된 고마운 책! 선배맘을 따라다니면서 하나하나 묻지 않아도 모든 것이 해결되어 안도의 한숨을 쉬게 해 준 책! • 강소미

아이와 함께 엄마, 아빠의 궁금증과 모든 준비를 함께할 초등 입학 바이블 • 오세연

유아기를 벗어나 세상에 처음 발을 내딛는 순간인 초등학교 입학! 모든 게 처음인 엄마와 아이를 위한 나침반이 되어줄 것 같습니다. • 조소영

모든 것이 궁금하고 불안한 예비 1학년 학부모의 여정을 동행해 줄 현실적이고 든든한 나침반 같은 책 • 이성효

초보 엄마, 아빠에게 (삐뽀삐뽀) 노란 책이 구세주이듯 초보 학부모에게 곁에 두면 언제나 답을 주는 책! • 심희정

이렇게 자세하고 친절한 초등 입학서가 또 있을까? • 정경림

부모를 위한 아이의 다정한 초등 입학 안내서 • 안진옥

아이가 1학년이라고 엄마 아빠도 1학년이라는 생각은 못했는데, 이 책을 읽고 준비해야 할 건 아이 뿐만이 아니라는 생각을 갖게 되었어요. • 강혜림

첫 아이 때 이 책이 있었다면 절대 힘겨워하지 않았을 내용으로 가득 차 있는, 그 어떤 육아, 부모 교육 서적보다도 현실적인 책 • 황인혜

초등학교 1학년 생활에 필요하고 궁금했던 정보만을 가장 세심하고 다정하게 알려주는 단 하나의 필독서 "엄마 아빠도 1학년" • 김다래

엄마 아빠도 1학년

1판 1쇄 펴냄 | 2023년 11월 25일

지은이 | 이은경
발행인 | 김병준
편 집 | 김리라·박유진
디자인 | 권성민·안은정
삽 화 | 미세스 손그림
마케팅 | 김유정·차현지·최은규
발행처 | 상상아카데미

등록 | 2010. 3. 11. 제313-2010-77호
주소 | 서울시 마포구 독막로6길 11(합정동), 우대빌딩 2, 3층
전화 | 02-6953-7790(편집), 02-6925-4188(영업)
팩스 | 02-6925-4182
전자우편 | main@sangsangaca.com
홈페이지 | http://sangsangaca.com

ISBN 979-11-93379-12-7 (03370)

※본 책에 사용한 일부 그림의 저작권은 셔터스톡에 있습니다.

(쪽수 : 41, 56, 78, 95, 111, 125, 129, 133, 146, 151, 193, 195, 198, 201, 204, 208, 212, 215, 225, 229)